KB042077

에티카

ETHICA

에티카
ETHICA

베네딕투스 데 스피노자 지음

·

조현진 옮김

책세상

일러두기

1. 이 책은 베네딕투스 데 스피노자의 주저인 《에티카*Ethica*》 중 제1부 부록, 제2부 정리 49의 따름정리corollarium와 증명 및 주석, 제3부 서문, 제4부의 서문과 부록, 제5부 서문을 발췌해 옮긴 것이다.

2. 번역 대본으로는 카를 겝하르트Carl Gebhardt가 편집한 《스피노자 저작집*Spinoza Opera*》, 2권(Heidelberg : Carl Winter, 1925)을 사용했다. 영어본으로 셜리 Samuel Sherly의 《스피노자 전집*Complete Works*》(Indianapolis, Cambridge : Hackett Publishing Company, 2002)과 컬리Edwin Curley의 《스피노자 저작 선집*The Collected Works of Spinoza*》(Princeton, New Jersey : Princeton Univ. Press, 1985)을 참조했고, 프랑스어본으로는 포트라Bernard Pautrat의 《에티카 *Éthique*》(Édition du Seuil, 1988)(라틴어-프랑스어 대역본)와 미즈라이Robert Misrahi 외 두 사람이 번역한 《스피노자 전집*Oevres complètes*》(Paris : Édition de Gallimard,1954)을 참조했다.

3. 원문과 번역본을 대조하기 편리하도록 본문 옆에 겝하르트본의 페이지를 표기했다.

4. 본문 ( ) 안의 내용은 스피노자가 라틴어로 보충한 것이고, 〔 〕 안의 내용은 겝하르트본에 삽입된 네덜란드어 번역본의 내용이며, { } 안의 내용은 옮긴이가 원문을 좀 더 분명하게 이해하는 데 도움을 주고자 첨가하거나 보충한 것이다. 네덜란드어 번역본 부분을 번역하기 위해 컬리의 영역본을 참조했다.

5. 원문에는 단락 구별이 거의 없다. 그러나 옮긴이가 독자의 이해를 돕기 위해 논점이 바뀌는 부분을 중심으로 문단을 나누었다.

6. 주는 모두 옮긴이가 붙인 것이며 후주로 처리했다.

7. 맞춤법과 외래어 표기는 1989년 3월 1일부터 시행된 〈한글 맞춤법 규정〉과 《문교부 편수자료》, 《표준국어사전》(국립국어연구원, 1999)을 따랐다.

에티카 | 차례

스피노자Benedictus de Spinoza가 《에티카Ethica》를 썼던 17세기 유럽의 상황은 여러 면에서 혼란스러웠다. 당시 정치적으로는 신교와 구교의 전쟁인 30년전쟁(1618~1648)이 국지전을 넘어 전 유럽으로 확산되고 있었고, 과학적으로는 갈릴레오 등의 천체 물리학이나 역학의 업적으로 인해 교회의 권위가 흔들리고 있었으며, 철학적으로는 《피론주의의 개요Outlines of Pyrrhonism》와 같은 회의주의 서적이 번역, 소개됨으로써 인류의 기존 지식이 과연 정당한지에 대한 근본적 물음이 제기되고 있었다. 이런 상황에서 스피노자는 자신의 저작들에서 이 문제들에 대한 고민을 자연스럽게 전개해나갔고, 확실한 지식을 찾아 과학과 공존할 수 있는 종교를 모색함으로써 미신을 비판하는 것을 자신의 철학적 화두로 삼았다. 《에티카》는 바로 이런 철학적 화두에 대한 스피노자의 답을 완성도 있게 서술한 저작이라는 점에서 무엇보다도 그의 철학 전체에서 중요한 위상을 차지하고 있다고 할 수 있다.

그러나 《에티카》의 중요성이 여기에 국한되는 것은 아니다. 오히려 스피노자가 해결하려 했던 상황과 21세기 상황의 유사성, 그리고 이런 상황에 대한 스피노자의 처방과 진단의 현재성 때문에 오늘날 우리는 스피노자의 목소리를 다시 경청할 필요가 있다.

인간처럼 의지와 정서를 갖고 있으면서도 이 세상을 초월해 있는 신이라는 관념은 현대 과학 기술의 발달, 특히 진화론이나 생명공학의 비약적인 발전과 함께 도전을 받고 있다. 이러한 21세기의 상황은 이른바 '갈릴레오의 과학 혁명'으로 인해 철통 같은 권위를 누리던 교회의 권위가 붕괴되던 상황과 무척 유사하다. 이런 점에서 기존의 전통적 신관에 대한 비판과 대안을 제시하고 있는 《에티카》를 살펴볼 필요가 있다. 특히 여기서 눈여겨볼 것은 초법칙적 사건으로서 기적의 거부와 초자연적 상벌의 관념에 대한 비판이다. 스피노자는 당대의 자연과학과 양립 가능한 신관을 주장하기 위해 신이 자연 법칙을 어기고 세계에 개입한다는 '기적'의 관념을 거부하며, 신의 명령(가령 교회의 계율)에 대한 복종이 덕이고 불복종이 죄이며, 이런 덕과 죄에 대해 사후에 심판을 받기 위해 영혼이 불멸해야 한다고 주장하는 초자연적 상벌 관념 역시 비판한다. 이런 주장의 타당성에 대해서는 좀 더 철저히 검토할 필요가 있겠지만, 스피노자의 이런 주장을 통해 우리의 기복 신앙적인 행태들이 교정될 기회가 마련되리라

확신한다.[1]

　오늘날에는 종교의 다원성을 '이론적'으로는 인정하지 않을지 몰라도 '현실적'으로는 인정할 수밖에 없을 만큼 여러 종교들이 공존하고 있다. 그런데 팔레스타인 지역을 둘러싼 이스라엘과 이슬람 국가들 간의 갈등이나 인도에서 벌어지고 있는 힌두교도와 시크교도 간의 분쟁 등에서 볼 수 있듯, 종교는 평안이 아니라 갈등을 불러일으키고 있고 심지어 그런 불안과 갈등을 조장하기도 한다. 이는 전 유럽으로 확장된 30년전쟁을 지켜보았을 뿐만 아니라 스스로 유대교에서 파문당해 광신적인 유대교도들에게서 살해 위협을 받았던 스피노자가 겪은 상황과 너무나 흡사하다. 바로 이런 맥락에서 우리는 종교란 무엇이며 이성과 신앙의 바람직한 관계는 무엇인가에 대해 고민했던 스피노자의 논의를 눈여겨볼 필요가 있다.[2] 이를 통해 우리는 미신적 태도에 지배되는 종교가 어떻게 지배 이데올로기로 변질되는지를 생생히 볼 수 있을 것이다.[3]

　'인간이란 무엇인가'라는 문제에 대한 논의 역시 우리가 《에티카》에서 경청해야 할 대목이다. 스피노자는 인간을 정신과 신체로 이루어진 존재로 파악한다(《에티카》 제2부 정리 13의 따름정리). 특히, 신체성을 인간의 비본질적인 요소로 폄하했던 데카르트René Descartes와 달리(《방법서설Discours de la méthode》 제4부), 신체성을 인간에게 없어서는 안 될 핵심적 요소로 간주하고 있다. 물론 오늘날의 과학 수준에서 보면 인간의 신체와 관련된 당시의 생리학이나 해부학의 지식은 보잘 것 없는 수준의 것이라고 할 수 있으며, 심지어 스피노자는 그런 지식에 정통한 인물도 아니다. 그러나 여기서 중요한 것은 스피노자가 당시의 인간관이 가진 문제점에 대한 날카로운 비판과 대안을 제시하고 있다는 것이며, 이것이 오늘날까지도 빛바랜 것이 아니라는 점이다. 특히 데카르트의 주장처럼 인간의 정신 작용이 신체 작용과 원칙적으로 분리되는 것이 아니라 그것과 항상 짝을 맞춰 동시에 전개된다는 주장은 특정 정신 상태를 항상 특정한 신경 생리적 상태와 연관시켜 생각하는 현대 이론에 매우 근접한 것이라고 할 수 있다.

스피노자의 인간관은 정신과 신체의 관계에 대한 발상의 전환을 보여줄 뿐만 아니라 인간의 조건에 대해 더욱 구체적이고 현실적으로 분석하고 있다. 스피노자가 지적하듯이 인간은 '자연의 일부'다. 이는 일차적으로 인간이 항상 외부 대상과 맞닥뜨림으로써 직간접적으로 그것의 영향을 받는 존재임을 의미한다. 문제는 이런 조건이 대부분 인간을 인간이게끔 하는 자기 보존 욕구를 위축시키기 때문에 인간을 분노나 공포와 같은 수동적 정서의 노예로 만든다는 점이다. 이처럼 우선은 인간이 외부 원인의 영향에 항시적으로 노출되어 있는 존재로 파악되기 때문에 정념에서 벗어나는 것이 윤리적4 과제로 제시되며, 이런 과제를 실현하기 위해 정념과 그 원인이 중요한 철학적 주제로 부각된다.

스피노자는 인간의 조건에 대한 이런 분석을 통해 인간의 지위에 대한 또 다른 주목할 만한 견해로 우리를 이끈다. 즉 전 자연의 모든 현상은 원인과 결과의 필연적인 연쇄에 따라 일어나고 인간의 의지 역시 자연 현상의 일부이기 때문에, 스토아학파나 데카르트가 주장하듯이, 인간은 정념을 자유롭게 통제할 수 있는 의지를 지닌 유별난 존재일 수 없다는 것이다. 스피노자의 이런 인식(자유 의지에 근거해 여타 존재에 대한 인간의 우위를 주장하는 입장에 대한 비판)은 자연 안의 실재들이 인간의 편리함을 위한 도구에 불과하다는 사고방식, 즉 목적론을 밑바탕에 깔고 있는 자연의 도구화에 대한 그의 비판과 결합되어 오늘날 친환경적이고 생태적인 사고에 이론적 원천이 되고 있다.

인간을 자연적 존재뿐만 아니라 사회적 존재로 간주하며, 또한 이런 인간의 사회성을 정치성과 밀접하게 연관시켜 이해한 스피노자의 사회·정치 철학 역시 오늘날 눈여겨볼 가치가 있는 주제다. 특히 주목할 것은 전통적인 고대 서구 사상에서 유지되던 '자연physis과 규범nomos의 대립'을 해체하고, '자연권'이나 '자연 상태' 같은 개념을 '시민권'이나 '국가 상태'와 연속선상에서 이해함으로써 국가 발생이나 해체에 대한 역동적 접근을 가능케 하고 있다는 점이다. 또한 이런 국가의 형성이나 유지, 해체의 메커니즘을 상상 이론이나 정념 이론을 통해 설명함으로써 보다 과학적인 정치학의 기틀을 마련하고 있다.

《에티카》는 이처럼 풍부한 사상의 보고라고 할 수 있다. 하지만 지면이 제한되어 있을 뿐만 아니라 '기하학적'이라고 불리는 그의 생소한 서술 방식이 독자들의 접근을 가로막고 있는 것이 사실이기에 이 중 일부를 발췌할 수밖에 없었다. 특히 제2부를 제외하고 제1부는 부록을, 제3부와 제5부는 서문을, 제4부는 서문과 부록을 발췌했다. 이는 각 서문과 부록에서 이후의 핵심적 논점과 스피노자의 의도, 앞 논의의 실천적 함축 등이 잘 드러나고 있어 각 부의 개괄적인 내용뿐만 아니라 전체적인 연관 관계를 파악하는 데 도움이 되리라 판단했기 때문이다.[5] 제2부 정리 49의 따름정리와 증명 및 주석 역시 같은 이유로 선택했다. '지성과 의지의 동일성' 논제는 정신에 관한 스피노자의 이론을 집약해주는 주장이고, 따름정리의 주석에서 이 논제에 입각해 데카르트의 정신 이론을 비판하고 있기 때문에, 독자들은 이를 통해 스피노자의 입장뿐만 아니라 데카르트와의 입장 차이 역시 파악할 수 있을 것이다.

《에티카》의 한국어 번역본이 여러 권 있지만 라틴어 원본을 참조한 판본으로는 강영계 교수가 번역한 《에티카》(서광사)가 유일하다. 5년여에 걸친 작업의 결과답게 정확성과 가독성 면에서 다른 번역본과는 비교가 되지 않을 만큼 뛰어나지만 몇몇 개념 번역[6]에 문제가 있고 옮긴이의 해설이 부족하다는 면에서 아쉬운 감이 없지 않다. 그러나 스피노자 연구자들이 점차 늘어나고 있는 만큼 좀 더 훌륭한 번역본이 조만간에 나올 것이라고 기대해본다. 그동안 이 책이 《에티카》를 본격적으로 읽기 위한 입문서로 쓰인다면 더 바랄 것이 없다. 이 점에서 이 책을 《에티카》를 본격적으로 읽기 위한 입문서로 활용했으면 한다.

옮긴이 조현진

에티카

제1부 신에 대하여

부록

이[상의 논의]로부터 나는 신의 본성naturam과 그의 특성들 proprietates[7]을 설명했다. 즉 신이 필연적으로 존재한다는 것과 신이 유일하다unicus는 것, 신이 오직 그의 본성으로부터 필연적으로 존재하고 행위한다는 것, 신이 만물의 자유 원인[8]이며 어떻게 [그러한가라는 것], 또한 모든 것이 신 안에 있어서 신 없이는 아무것도 존재할 수 없고 파악될 수도 없을 만큼 신에 의존한다는 것[모든 것이 신에 의존하고 있기에 신 없이는 존재할 수도 없고 파악될 수도 없다는 것], 그리고 마지막으로 모든 것이 신에 의해, 즉 확신컨대 의지의 자유나 절대적인 재량에 의해서가 [완전히 마음 내키는 대로가] 아니라 신의 절대적 본성 혹은 무한한 역량에 의해 미리 결정되어 있다는 것을 설명했다.[9] 게다가 나는 기회가 주어

질 때마다 나의 증명을 이해하지 못하게 방해하는 편견들을
제거하는 데 세심한 주의를 기울였다. 그러나 사람들로 하여
금 내가 설명했던 방식으로 사물들의 연쇄를 포착하도록 하
는 것을 방해했고 또한 여전히 방해하는 적지 않은 편견들이
남아 있기 때문에, 여기서는 이성의 시험대examen rationis에
그것들을 소환하는 것이 가치 있다고 생각한다. 여기서 지적
하려고 하는 모든 편견들은 확실히 사람들이 일반적으로 가
정하는 다음의 것, 즉 모든 자연물들이 자신들처럼 목적 때
문에 행위한다는 것{가정}에 의존한다. 실로 그들은 신 자신
이 모든 것을 어떤 고정된 목적을 향해 가도록 정해놓은 것
이 분명하다고 생각한다. 즉 그들은 신이 모든 것을 인간 때
문에 만들었으며 또한 {신이} 자신을 공경하게 하기 위해 인
간을 만들었다고 말한다. 따라서 내가 고찰할 첫 번째 {논점}
은 우선 왜 대다수의 사람들이 이런 편견에 만족해하며 또
한 모든 이들이 왜 같은 것{편견}을 그렇게 자연스럽게 받아
들이는 경향이 있는지를 탐구하는 것이다. 그 다음에 그것{그
편견}의 허구성을 보여주고, 마지막으로 이를 통해 어떻게 선
과 악, 상과 벌, 칭찬과 비난, 질서와 혼란, 미와 추 그리고 이런
종류의 또 다른 것들에 관한 편견들이 유래했는지를 보여줄
것이다.

실로 이 자리는 인간 정신의 본성으로부터 이런 것들을 연
역할 자리가 아니다.[10] 여기서는 모든 이들이 인정해야만 하

는 {다음의} 것을 내가 기초pro fundamento로 받아들이는 것으로 충분할 것이다. 즉 모든 사람들은 사물들의 원인들에 대해 무지한 채로 태어나고, 또 자신들에게 유용한 것을 추구하는 욕구appetitum를 가지고 있으며 그것{욕구}에 대해 의식하고 있다. 이로부터 첫째, 사람들은 그들의 의지작용들과 욕구를 의식하지만 그들로 하여금 욕구를 느끼게 하고 의욕하게 하는 원인들에 대해 무지하고 심지어는 꿈에서조차 {그런 원인들에 대해} 생각하지 않기 때문에 자신들을 자유롭다고 믿는다는 것이 따라나온다. 두 번째로 모든 인간들은 목적 때문에, 즉 그들이 바라는 유용성 때문에 행동한다는 것이 따라나온다. 이로부터 그들은 항상 일어난 것들의 목적인들만을 알고자 하며, 그것들을 발견하고 만족해하는 일이 일어나는데, 왜냐하면 그들은 분명 {그런 목적인들에 대해} 의심할 어떤 이유도 더 이상 갖고 있지 않기 때문이다. 그러나 만약 외부에서 목적인들에 대해 말해주는 것이 아무것도 없다면, 그들 자신들로 돌아가서 그들을 유사한 {행위들로} 규정하곤 하는 목적에 대해 반성하고, 그리하여 필연적으로 자신들의 기질에 따라 타인의 기질ingenium을 판단하는 것 말고는 그들에게 남아 있는 것이 없다. 게다가 그들은 자기 안과 밖에서 그들에게 유용한 것을 얻는 데 적지 않게 공헌하는 많은 수단들, 가령 보기 위한 눈, 씹기 위한 치아, 영양분을 공급하기 위한 식물과 동물, 빛을 비추기 위한 태양, 물고기에게 양분을 주는 바다 등〔그리고 자연적 원인에 대해 의심할 이유를 갖지 못하는 다른 모든 것들〕을 발견하고, 이로부터 그들이 모든 자연물들을 자신들의 유용성을 위한 수단으로 간주하는 일이 일어난다. 또한 그들은 저 수단들이 자신들에 의해 생산되지 않고 발견된다는 것을 알기 때문에, 이로부터 그들의 쓰임에 따라 저 수단들을 생산한 또 다른 어떤 원인이 있을 것이라고 믿게 된다. 왜냐하면 사물들을 수단으로 여기게 된 이후, 그들은 사물들 자체를 그들 스스로 만들 수는 없지만 자신들을 위해 제공된 수단들을 통해 만들어낼 수 있다고 믿게 됨으로써 인간적인 자유를 갖추고 있는 하나 혹은 몇몇의 자연 지배자들이 있어야 한다고 결론 내려야 했기 때문이다. 이런 자연의 지배자들은 모든 것을 인간을 위해 배려했고 모든 것을 인간에게 쓸모가 있도록 만들었다. 더욱이 그들은 이 {지배자}들의 본성ingenium에 대해서도 결코 들은 바 없기 때문에, 자신들{의 본성}에 따라 {지배자들의 본성에 대해} 판단해야 했고, 이렇게 해서 신들이 사람들을 그들과 결속시키고 또한 사람들에 의해 {신들이} 최고의 존경을 받게 하기 위해, 모든 것을 인간이 사용하게끔 준비해놓았다고 생각하게 되었다. 이로부터 신이 다른 것들보다 더 그들{사람들}을 사랑하게 하고 또한 그들의 맹목적 욕구와 만족할 줄 모르는 탐욕에 쓰이도록 전 자연을 다스리게 하기 위해, 그들 각자가 자기 기질에 따라 신을 공경하는 상이한 방식들을 고안해내는 일이 일어난다. 또한 이렇게 해서 이 편견은 미신으로 전환되어 정신 속에 깊이 뿌리를 박는다. 이런 이유로 각자는 모든 사물들의 목적인들을 최대한의 노력을 통해 이해하고 설명하기를 원한다. 그러나 자연은 헛된 일(다시 말해 인간들에게 쓸모가 없는 것)을 하지 않는다는 것을 그들이 보여주려고 하는 동안, 그들이 보여준 것이라고는 인간과 마찬가지로 자연과 신 역시 미쳤다는 것밖에 없다. 사태가 결국 어떤 지경에 이르게 되었는지 보기 바란다! 그렇게 많은 자연의 편리한 것들 가운데서 그들은 적지 않은 해로운 것들, 즉 폭풍, 지진, 질병 등과 같은 것들을 맞닥뜨려야 했고, 그래서 그들은 이런 일들이 인간이 신들에게 저지른 무례 때문이나 신들에게 예배할 때 범한 죄 때문에 신들이(그들은 신들이 그들과 같은 본성의 존재라고 판단한다) 분노해서 일어난 것이라고 주장했다. 그러나 경험이 매일 이에 반하여, 무수히 많은 사례들을 통해 불경건한 자들과 마찬가지로 경건한 자들에게도 편리한 것들과 유해한 것들이 무차별적으로 일어난다는 것을 보여주었음에도 그들은 고질적인 편견을 포기하지 않았다. 왜냐하면 모든 저 구조fabricam를 파괴하고 새로운 것을 고안해내는 것보다는, 그들이 쓰임새를 알지 못하는 다른 알려지지 않은 것들 가운데 그것(경건한 자들에게로 유해한 것이 일어난다는 사실)을 놓고, 그처럼 타고난innatum 무지의 상태를 유지시키는 것이 결과적으로 그들에게 더 수월했기 때문이다. 그들은 이로부터 신(들)의 판단이 인간의 이해력captum을 훌쩍 넘어선다는 것을 확실한 것으로 간주하게 되었다. 실로 이런 단 하나의 이유로 진리는 인류에게 영원히 감추어져 있었을 것이다. 만약 목적이 아니라 도형들의 본질들 및 특성들만을 다루는 수학이 사람들에게 또 다른 진리의 기준을 보여주지 않았다면(말이다). 따라서 수학 이외에도 사람들로 하여금(그러나 전 인류에 비하면 이들은 극소수다) 일반적인 이 편견들에 주목하고 II/80 사물들의 진정한 인식으로 이끌 만한 또 다른 원인들 역시 할당될 수 있다(여기서 이것들을 열거할 필요는 없을 것 같다).

이를 통해 나는 첫 번째로 약속했던 것을 충분히 설명했다. 이제는 자연이 자신 앞에 설정한 어떠한 목적도 없고 모든 목적인은 인간이 꾸며낸 것에 불과하다는 것을 보여주기 위해 많은 (논의가) 필요하지 않을 것이다. 왜냐하면 정리 16과 정리 32의 따름정리들에 의해서[11]뿐만 아니라 이 편견이 그 기원을 어디서 끌어왔는가를 보여주는 근거들과 원인들에 의해서, 또한 이 밖에도 자연의 모든 것이 영원한 필연성과 최고의 완전성에서 유래한다는 것을 보여주는 모든 것(정리)에 의해서 이제 그것이 충분히 입증되었다고 믿기 때문이다. 그렇지만 다음의 것, 즉 목적에 관한 이 학설이 자연을 완전히 전도시킨다는 사실을 덧붙일 것이다. 왜냐하면 (목적에 관한 그 학설은) 참된 원인을 결과로 간주하고 또한 역으로

22

〔결과인 것을 원인으로 간주하기〕때문이다. 다음으로 {목적에 관한 이 학설은} 본성상 앞선 것을 나중의 것이 되게 한다. 마지막으로 {그 학설은} 최고의 것 혹은 가장 완전한 것을 가장 불완전한 것으로 만든다. 왜냐하면 (앞의 두 {주장들은} 자명한 까닭에 생략한다면) 정리 21, 22, 23[12]에 의해서 분명해지듯이, 저 결과는 신에 의해 직접 생산된 가장 완전한 것이고, 어떤 것이 생산되기 위해 다수의 매개적인 원인들을 필요로 할수록 {그것은} 덜 완전하기 때문이다. 그런데 만약 신에 의해 직접 생산된 사물들이 {신이} 자신의 목적을 이루기 위해서 만든 것이라면, 앞선 것이 목적으로 삼는 마지막 것이 필연적으로 다른 모든 것을 능가하게 될 것이다. 다음으로 이 학설은 신의 완전성을 파괴시킨다. 왜냐하면 신이 목적 때문에 행위한다면 필연적으로 {자신이} 결여하고 있는 어떤 것을 욕구하는 셈이 되기 때문이다. 따라서 신학자들과 형이상학자들은 필요의 목적finem indigentiæ과 동화의 목적finem assimilationis[13]을 구별하면서도, 신은 창조할 사물을 위해서가 아니라 자신을 위해 만물을 만든 것이라고 고백한다. 왜냐하면 창조 이전에는 신만을 신의 행위에 대한 목적으로 설정할 수 있기 때문에 그들은 신이 목적을 위한 수단으로 마련하길 원한 것을 결여하고 있었으며 또한 그것을 원했음을 반드시 자명한 것으로 인정해야 했기 때문이다. 사물들에 목적을 귀속시킴으로써 자신들의 기질을 보여주고 싶어 하던 이 학

설의 추종자들이 자신들의 학설을 입증하기 위해 새로운 논증 방식, 곧 불가능한 것(으로의 환원)[14]이 아니라 무지로의 환원을 내세웠다는 사실을 여기서 간과해서는 안 된다. 이는 이 학설을 (입증할) 다른 논증 수단이 없다는 것을 보여준다. 예컨대 돌 하나가 지붕에서 누군가의 머리 위로 떨어져서 그를 죽였다면, 이런 방식(무지로의 환원)을 통해 그들은 돌이 사람을 죽이기 위해 떨어졌다고 논증할 것이기 때문이다. 왜냐하면 신이 원하는 목적에 따라 그것(돌)을 떨어뜨리지 않았다면, 어떻게 그렇게 많은 상황들이 우연히 동시에 일어날 수 있었겠는가(왜냐하면 종종 많은 상황들이 동시에 일어나기 때문이다)(라고 그들은 생각하기 때문이다). 아마도 바람이 불었을 테고 또한 그 사람이 저 길을 걷고 있었기 때문에 그런 일이 일어났노라고 당신은 대답할 것이다. 그러나 그들은 왜 바람이 그 시간에 불었고, 왜 그 사람이 그 시간에 그 길을 갔느냐고 추궁할 것이다. 고요하던 바다가 전날에 파도치기 시작했고 또한 그 사람이 친구의 초대를 받았기 때문에 바람이 불던 그때 (거기) 있었던 것이라고 재차 대답한다면 그들은 질문을 던지는 데는 끝이 없기 때문에 왜 바다에서 파도가 쳤고, 왜 그 사람이 바로 그 장소로 초대받게 된 것인지 재차 추궁할 것이다. 이런 식으로 신의 의지, 다시 말해 무지의 피난처로 피신할 때까지 그들은 원인의 원인을 계속해서 물을 것이다. 마찬가지로 인간 신체의 구조fabricam를 볼 때 그

II/81

들은 깜짝 놀라지만 그런 기술의 원인들을 모르기 때문에 그 것이 기계적인 {기술}이 아니라 신적인 혹은 초자연적인 기술supernaturali arte에 의해 한 부분이 또 다른 {부분}을 손상시키지 않는 그러한 방식으로 만들어져 있다고 결론 내린다.

바로 이런 이유에서 진정한 기적들의 원인들을 찾고, 바보처럼 단지 자연물에 대해 경탄하는 것이 아니라 학식 있는 사람처럼 자연물을 이해하려는 사람은 여기저기서 이단자와 불경건자로 간주되고 또한 편견에 사로잡힌 사람들 vulgus[15]이 자연과 신들의 해석자로 떠받드는adorat 사람들에 의해 공개적으로 비난받는다. 왜냐하면 이들{자연과 신들의 해석자로 대중에게 칭송받는 사람들}은 무지{혹은 오히려 아둔함}가 제거되면 놀람stupor, 즉 자신들의 권위를 주장하고 지지하기 위한 유일한 수단 {역시} 제거된다는 것을 알고 있기 때문이다. 그러나 나는 이 문제를 남겨두고 여기서 세 번째로 논하려 했던 것{논점}으로 넘어가겠다.

일어난 모든 것이 자신들 때문에 일어났다는 것을 스스로에게 납득시킨 다음, 사람들은 모든 사물들 안에서 그들에게 가장 유용했던 것을 특별한 것으로præipuum 판단해야 했고, 또한 그들에게 가장 큰 이익을 주었던 것을 가장 탁월한 것으로 평가해야 했다. 그리하여 그들은 사물의 본성을 설명하는 개념들, 다시 말해 선, 악, 질서, 혼란, 뜨거움, 차가움, 미, 추를 형성해야 했다. 또한 그들은 스스로 자유롭다고 믿기 때문에 이로부터 칭찬과 비난, 죄와 벌meritum이라는 개념들이 생겨났다. 그러나 이후에 인간 본성에 대해 다룰 때 뒤의 것들(칭찬과 비난, 죄와 벌)을 설명할 것이기에16 여기서는 앞의 것들(선, 악, 질서, 혼란 등)을 간략하게 설명하겠다. 그들은 건강과 신의 숭배에 이바지하는 모든 것을 선하다고 부르고, 그것들에 반대되는 것을 악하다고 부른다. 사물들의 본성을 이해하지 못하고 단지 사물들을 상상하는 사람들은 사물들에 대해 아무것도 확언하지 않으며 또한 상상을 지성으로 착각하기에 사물들 안에 질서가 있다고 확고하게 믿는다. 사

II/82 물들과 그 자신들의 본성에 대해 무지한 채로 말이다. 왜냐하면 사물들이 감각에 의해 우리에게 표상될 때 그것이 상상하기 쉽고, 결과적으로 기억하기 쉽게 배열되어 있다면 우리는 그것들의 질서가 잘 잡혀 있다고 말하고(우리는 사물들이 잘 정돈되어 있다거나 질서 있다고 말한다), 그 반대 경우면 잘못 배열되어 있다거나 혹은 혼란스럽다고 말하기 때문이다. 사람들은 손쉽게 상상할 수 있는 것들이 다른 것들보다 더 마음을 끌기 때문에 마치 질서가 우리의 상상을 넘어서서 자연 안에 있는 어떤 것이거나 한 것처럼 혼란보다 질서를 더 선호한다. 그래서 그들은 이런 식으로 신에게 상상을 귀속시키고 있음을 모른 채, 신이 모든 것을 질서 있게 창조했다고 말한다. 그렇지 않으면 그들은 신이 인간의 상상을 다행히도 예견해서(염려해서)providentem 사람들이 가장 손

쉽게 상상할 수 있는 방식으로 모든 사물들을 배열했기를 원하는지도 모르겠다. 우리의 상상을 훨씬 벗어나는 수많은 것들, 그리고 상상의 취약함 때문에 상상을 혼란스럽게 하는 다수의 것들이 발견된다는 사실은 아마도 그들의 주장을 단념케 하지 못할 것이다. 그러나 이 {주제}에 관해서는 충분히 논했다.

다음으로 또 다른 개념들에 대해 말하자면, 그것 역시 다양한 방식으로 상상에 영향을 끼치는 상상의 방식일 뿐이지만 그럼에도 무지한 자들에 의해 사물들의 주요한 속성으로 간주되었다. 왜냐하면, 우리가 이미 말했던 것처럼, 그들은 모든 사물들이 자신들 때문에 만들어졌다고 믿고 있기 때문이다. 또한 그들은 한 사물의 본성의 영향을 받는 바로 그만큼 그것을 선하거나 악하다고 말하고 또한 건강하다거나 상해서 부패되었다고 말한다. 예를 들어 눈을 통해 표상되는 대상들에 의해 신경들이 수용하는 운동이 건강을 가져다준다면, 그것을 야기하는 대상들은 아름답다고 불리고, 그 반대의 운동을 유발하는 대상들은 흉하다고 불린다. 다음으로 코를 통해 감각을 불러일으키는 것들을 그들은 향기롭다거나 악취가 난다고 부른다. 혀를 통해 {감각을 불러일으키는 것들을} 달콤하다거나 쓰다고 {부르고} 맛있거나 맛없다고 {부른다}. 또한 촉각을 통해 {감각을 불러일으키는 것들을} 딱딱하거나 연하다고 {부르거나} 거칠거나 매끄럽다고 {부른다). 마지막으로 귀를 통해 {감각을 불러일으키는 것들은} 소음, 소리, 조화로운 음을 낸다고 일컬어진다. 이것 중 마지막 것{조화로운 음}은 신 역시 조화에 매우 기뻐한다고 믿게 할 정도로 사람들을 현혹시켰다. 천체의 운동들이 조화를 이룬다고 믿었던 철학자들이 없지 않다. 이 모든 것은 각각의 사람이 뇌의 상태{성향}dispositione에 따라 사물들을 판단했으며, 혹은 오히려 상상의 상태들을 사물들로 착각했음을 충분히 보여준다. 따라서 (지나가는 김에 지적하자면) 사람들 사이에서 우리가 경험하는 만큼 그렇게 많은 논쟁들이 일어났고, 이{런 논쟁들}로부터 결국 회의주의가 생겨났다는 것은 놀라운 일이 아니다. 왜냐하면 사람들의 신체는 여러 점에서 일치하지만 또 여러 점에서 불일치하며, 따라서 한 {사람}에게 좋은 것이 다른 {사람}에게는 나쁜 것처럼 보이기 때문이다.

II/83

또한 한 {사람}에게는 질서 잡혀 있는 것처럼 보이는 것이 다른 {사람}에게는 혼란스러운 것처럼 보이며, 한 {사람}에게는 유쾌한 것이 다른 이에게는 불쾌해 보이는 경우가 있기 때문이다. 지금 여기는 그것에 대해 명시적으로ex professo 논할 자리가 아닐 뿐만 아니라 모든 {사람들이} 그것을 충분히 경험하기 때문에 그것에 대해 더 이상 거론하지 않을 것이다. 모든 사람은 항상 말한다. "사람의 머릿수만큼 의견들도 많다", "모든 이는 자신의 의견으로 가득 차 있다",[17] "취향의 차이만큼이나 생각의 차이가 있다". 이런 문구들은 사람들이 {사물들을} 이해하기보다는 오히려 두뇌 상태에 따라 그것에 대해 판단함을 명백히 보여준다. 사람들이 사물들을 이해했다면, 그것 모두에 매혹되지는 않더라도, 수학자가 증언하듯이 적어도 그것들을 납득했을 것이기 때문이다.

따라서 우리는 편견에 사로잡힌 사람들이 자연을 설명하기 위해 사용하곤 하는 모든 개념들이 단지 상상하는 방식들에 불과하며 어떤 사물의 본성이 아니라 단지 상상의 상태constitutionem를 나타낸다는 것을 알 수 있다. 또한 그것{편견에 사로잡힌 사람들이 자연을 설명하기 위해 사용하는 개념들} 일반이 마치 상상 없이도extra imaginationem 현존하는 존재자인 것처럼 이름을 갖기 때문에 나는 그것을 이성의 존재가 아니라 상상의 존재라고 부르겠다. 그들{편견에 사로잡힌 사람들}이 우리에 반대해서{대항해서} 유사한 개념들{상상의 존재}에 의거해 제시하는 모든 논변들은 쉽게 격퇴될 수 있다. 실로 많은 이들이 다음처럼 논증하는 버릇이 있다. 만약 모든 것이 가장 완전한 신의 본성의 필연성으로부터 따라나온다면 자연 안의 그렇게 많은 불완전한 것들은 어디에서 비롯하는가? 다시 말해 내내 악취를 풍길 정도의 사물들의 부패나 혐오, 혼란, 악, 죄 등을 불러일으키는 사물들의 추함은 어디에서 비롯하는가라고. 그러나 이것은 내가 말했던 방식으로 손쉽게 논박된다. 사물들의 완전성은 그것의 본성과 역량에 의해서만 평가되어야 하기 때문이다. 또한 사물들은 그것이 인간의 감각에 기쁨을 주느냐 아니면 {감각에} 거슬리느냐, 혹은 인간의 본성에 유익하느냐 {그것에} 대립되느냐에 따라 더 완전하거나 덜 완전한 것도 아니다. 왜 신은 모든 사람들을 이성의 가르침에 의해서만 행동하도록 창조하지 않았는가라고 묻는 사람들에 대해 나는 다음 외에는 대답할 것이 없다. 신에게는 가장 낮은 수준의 완전성에서 가장 높은 수준의 완전성까지 갖춘 모든 것을 창조할 질료가 결여되어 있지 않았기 때문이다. 혹은 좀 더 적절하게 말하자면 정리 16에서 증명했듯이 자연의 법칙들 자체는 무한 지성에 의해 파악될 수 있는 모든 것을 생산하기에 충분할 만큼 풍부하기 때문이다.

이것이 여기서 내가 지적하고자 한 편견들이다. 만약 이런 종류의 어떤 것이 아직까지 남아 있다면 약간의 숙고에 의해 그것을 바로잡을 수 있을 것이다.〔따라서 나는 이 문제들에 대해 더 많은 시간을 할애할 이유가 없다.〕

제2부 정신의 본성과 기원에 대하여

정리 49의 따름정리와 증명 및 주석 — 의지와 지성은 동일한 것 II/131
이다

증명 : 의지와 지성은 개별적인 의지작용들 및 개별적인 관념들 자체와 다른 것이 아니다(이 부의 정리 48과 그 증명에 의해[18]). 그런데 개별적인 의지와 지성은 (앞선 정리에 의해) 동일한 것이며, 따라서 의지와 지성은 동일한 것이다. 이 점이 증명되어야 할 것이었다(Q.E.D.[19]).

주석 : 이로부터 우리는 일반적으로 오류의 원인이라 여겨지는 것[20]을 제거했다. 또한 앞에서 우리는 오류가 단지 단편적이고 혼동된 관념들이 포함하는 {인식의} 결핍에서만 성립한다는 것을 보여주었다.[21] 따라서 허위의 관념은, 그것이 거짓인 한에서, 확실성을 포함하지 않는다. 이런 이유로 우리가 거짓 {관념}에 안주하고in falsis aciquiescit 그것을 의심하지 않는 사람에 대해 말할 때, 그런 이유로 우리는 그가 확신한다고 말하지 않고 단지 의심하지 않는다거나 혹은 자신의 상상을 동요하게 하는 (혹은 그가 그것들을 의심하게 하는) 어떤 원인도 없기 때문에 거짓{관념}에 안주한다고 말한다. 이 점에 대해서는 이 부의 정리 44의 주석을 보라. 따라서 거짓을 고수하는 사람이 있다고 가정하고 (그래서 우리가 어쨌

든 그가 그것을 의심하게 만들 수 없다고 해도), 우리는 결코 그가 확신한다고 말하지 않는다. 왜냐하면 우리는 실로 확실성을 의심의 결핍이 아니라 적극적인 어떤 것으로 이해하기 때문이다(이 부의 정리 43과 함께 그 주석을 보라). 또한 우리는 확실성의 결여를 오류로 이해한다. 그러나 앞선 정리에 대한 좀 더 풍부한 설명을 위해 환기되어야 할 몇몇 것들이 남아 있다. 다음으로 우리의 이 학설에 제기될 수 있는 반론들에 답하는 일이 남아 있고, 마지막으로 모든 망설임을 걷어내기 위해 이 학설의 몇몇 유용성을 지적할 가치가 있다고 생각한다. 나는 몇몇 {유용성}이라고 말하는데, 왜냐하면 주요한 것들은 제5부에서 우리가 말하려는 것에 의거해 더 잘 이해될 것이기 때문이다.

따라서 나는 첫 번째 논점으로 시작해서 관념 혹은 정신의 개념과 우리에 의해 상상되는 사물들의 상들imagines[22]을 정확하게 구별할 것을 독자들에게 권고한다. 다음으로 관념들과 {그 관념들을} 나타내는 말들verba을 구별할 필요가 있다. 왜냐하면 이 세 가지 것, 즉 사물들의 상들, 말들, 관념들이 많은 이들에 의해 완전히 혼동되었거나 {그렇지 않으면} 충분히 정확하게 구별되지 않았거나 혹은 충분히 조심스럽게 구별되지 않아서, 삶뿐만 아니라 사변(또한 과학들)을 현명하게 수립하기 위해 전적으로 알 필요가 있는 그런 의지의 학설에 대해 그들은{사람들은} 전적으로 무지했기 때문이다.

II/132

사실 관념들이 [외부] 물체들과의 마주침의 결과로 우리 안에 형성되는 상들imaginibus에서 성립한다고 생각하는 사람들은, 우리가 그것에 대해 [우리의 두뇌 안에서] 어떤 유사상도 형성할 수 없는 것[우리의 두뇌 안에 어떤 흔적도 만들 수 없는 것]에 대한 관념들은 관념이 아니라 단지 의지의 자유를 통해 꾸며낸 허구일 뿐이라고 확신한다.23 따라서 그들은 관념들을 이를테면 화판 속에서 침묵하고 있는 그림들pic-turas in tabulâmutas24로 간주하며, 또한 이 편견에 사로잡혀 있기 때문에 관념이 관념인 한에서 긍정 혹은 부정을 포함한다는 것을 알지 못한다. 다음으로 관념 혹은 그것이 포함하는 긍정과 말을 혼동하는 사람들은, 그들이 감각한 것에 반해서 어떤 것을 단지 언어적으로만 긍정하거나 부정할 때, 감각한 것에 반해서 스스로 의지할 수 있다고 생각한다.25 그러나 연장res extensa의 개념을 조금도 포함하지 않는 사유의 양태에 주목하는 사람이라면 이런 편견들을 쉽게 물리칠 수 있다. 따라서 그는 관념이(실로 이는 사유의 양태이기 때문에) 어떤 사물의 상 안에서도 성립하지 않으며 말들에서도 성립하지 않는다는 것을 명석하게 파악할 것이다. 왜냐하면 말들과 상들의 본질은 신체의 운동에 의해서만 성립되며constituitur, 이런 신체의 운동은 사유의 개념을 조금도 포함하지 않기 때문이다. 이런 몇몇 충고로 충분하기에 앞서 언급했던 반론들로 넘어가겠다.

이것 중에 첫 번째 것은 의지가 지성보다 더 멀리 확장될 수 있기에 지성과 별개의 것임을 자명하게 여긴다는 {반론}이다. 그들은 의지가 지성보다 더 멀리 확장될 수 있다고 생각하는데, 왜냐하면 우리가 지각하지 않은 무수히 많은 것에 동의하기 위해 우리가 가진 것 이상으로 동의하는 {능력}이나 긍정 혹은 부정하는 능력을 {우리가} 필요로 하지 않는 반면, 이해하는 더 큰 능력을 필요로 한다는 것을 경험을 통해 알 수 있다고 그들은 주장하기 때문이다. 따라서 지성은 유한하고 의지는 무한한 한에서 지성과 의지는 구별된다.[26]

두 번째로 우리가 지각한 사물들에 동의하지 않기 위해 우리의 판단을 유보할 수 있다는 것보다 더 분명한 것을 경험은 가르쳐주지 않는 것처럼 보인다는 반론이 제기될 수 있다. 이{런 반론}은 어떤 것을 그가 지각하는 한에서는 어느 누구도 기만당한다고 일컬어지지 않으며 단지 그가 {어떤 것에 대해} 동의하거나 혹은 동의하지 않는 한에서만 {기만당한다고 일컬어지는 한에서} 한층 더 강화된다. 예를 들어 날개 달린 말을 누군가가 상상한다고fingit 해서 {그가} 날개 달린 말이 있음을 인정하는 것은 아니다. 다시 말해 그가 날개 달린 말이 있다는 것을 인정하지 않는 이상 그 때문에 기만당하지는 않는다. 따라서 의지 혹은 동의하는 능력은 자유로우며 또한 그것{의지 혹은 동의하는 능력}은 이해하는 능력과 다르다는 것보다 더 명백하게 경험이 가르쳐주는 것은 없는 것

II/133

처럼 보인다.

세 번째로 하나의 긍정affirmatio은 다른 것보다 더 많은 실재성을 포함하지 않는 것처럼 보인다는, 다시 말해 거짓된 것을 참된 것으로 주장하기 위해서보다 참된 것을 참된 것으로 주장하기 위해 우리가 더 큰 {의지의} 힘을 필요로 하지 않는 것처럼 보인다는 반론이 제기될 수 있다. 그러나 [관념들과 그것{의지}은 다르다. 왜냐하면] 우리는 하나의 관념이 다른 것보다 더 많은 실재성 혹은 완전성을 갖고 있음을 지각하기 때문이다. 말하자면 어떤 대상이 또 다른 것보다 더 뛰어날수록præstantiora 그 관념 역시 또 다른 것보다 더 완전하다. 이로부터 실로 의지와 지성 간의 차이가 확립되는 것처럼 보인다.

네 번째로 만약 사람이 자유 의지에 의해 결과를 내지operatur 않고 그래서 '뷰리당의 암나귀'[27]처럼 평형 상태에 있다면 어떤 일이 일어날 것인가라는 반론이 제기될 수 있다. 배고픔과 갈증에 의해 그는 죽을 것인가? 만약 내가 {배고픔과 갈증으로 죽는다는 것을} 인정한다면 나는 사람이 아니라 암나귀 혹은 사람의 조각상을 생각하는 것처럼 보일 것이다. 만약 내가 부인한다면 그는 그 자신을 규정할 능력, 결과적으로는 {앞으로} 나아갈 능력과 그가 원하는 것은 무엇이나 행할 능력을 갖고 있{는 셈이}다. 어쩌면 이런 것 이외에도 다른 {반론}들이 제기될 수 있다. 하지만 각자가 상상할 수 있는

것 모두를 강요해서는 안 되겠기에, 나는 {위에서 언급했던}
반론들에 대해서만 답하도록 하겠으며 그것도 가능한 한 간
략하게 {할 것이다}.

실로 첫 번째 반론에 대해 나는 의지가 지성보다 더 멀리
확장된다는 것을 인정한다고 말하겠다. 사람들이 지성을 단
지 명석판명한 관념으로 이해한다면 {말이다}. 그러나 의지
가 지각 혹은 사유하는 능력보다 더 멀리 확장될 수 있음을
나는 부정한다. 또한 실로 왜 의지하는 능력이 감각하는 능
력보다 더 무한하다고 이야기되는지 모르겠다. 다시 말해 우
리가 무한히 많은 것을 의지하는 바로 그 능력을 통해 긍정
할 수 있는 것과 마찬가지로(그렇지만 차례대로인데, 왜냐하면
우리는 무한히 많은 것을 동시에 긍정할 수 없기 때문이다), 우리
는 감각하는 바로 그 능력을 통해sentiendi facultate (차례대로,
[또한 비동시적으로]) {무한히 많은 것을} 감각 혹은 지각한다.
만약 그들이 우리가 지각하지 못하는 무한히 많은 것이 있다
고 말한다면, 어떤 사유를 통해서나 결과적으로는 어떤 의지
능력을 통해서도 우리는 그것 자체에 도달할 수 없다고 나는
응수하겠다. 그러나 우리가 그것{우리가 지각하지 못하는 무
한히 많은 것}을 또한 지각하기를 신이 원했다면, 신이 실로
더 큰 의지 능력이 아닌, 더 큰 지각 능력을 우리에게 주어야
했을 것이라고 그들은 말한다. 그러나 그들의 말은 다음처
II/134   럼 말하는 것과 같다. 신이 무한히 많은 다른 존재자들을 우

리에게 인식시키기를 원했다면, 신은 무한히 많은 그 존재자들을 파악하게 하기 위해amplectendum 우리에게 주었던 것보다 더 큰 지성을 줘야 했겠지만, 보다 더 일반적인 존재자의 관념을 줄 필요는 없었을 것이다. 왜냐하면 의지가 보편적인 존재자 혹은 관념이며, 이를 통해 모든 개별적인 의지작용들, 다시 말해 그들 모두에 공통된 것을 설명해줌을 우리는 보여주었기 때문이다. 따라서 모든 의지들에 공통된 혹은 보편적인 이 관념이 능력이라고 믿기 때문에, 이런 능력이 지성의 한계를 넘어서서 무한히 확장된다고 그들이 말하는 것은 전혀 놀라운 일이 아니다. 보편적인 것은 하나{의 개체}에 대해서뿐만 아니라 다수{의 개체들}과 무한히 많은 개체들에 대해서 똑같이 이야기되기 때문이다.[28]

나는 두 번째 반론에 대해 우리가 판단을 유보할 자유로운 역량을 갖는다는 것을 부정함으로써 답하겠다. 왜냐하면 누군가가 어떤 판단을 유보한다고 말할 때, 그것은 바로 그가 스스로 사물을 적합하게 지각하지 못함을 안다고 말하는 것이기 때문이다. 따라서 판단의 유보는 실제로는 지각이지 자유 의지가 아니다. 이를 명백하게 파악하기 위해, 날개 달린 말을 상상하기는 하지만 다른 어떤 것도 지각하지 않는 소년을 상상해보자. 이 상상은 말의 현존을 포함하며(이 부{제2부}의 정리 17의 따름정리에 의해), 소년이 말의 현존을 배제할 tollat 어떤 것도 지각하지 못하기 때문에 그는 필연적으로 말을 현존하는 것으로 간주할 것이다. 그는 그것{날개 달린 말}의 현존에 대해 의심할 수 없을 것이다. 같은 것에 대해 확신하지도 않겠지만 {말이다}. 우리는 이{와 비슷한 일}을 매일 꿈속에서 경험하며, 그래서 꿈꾸는 동안에 그가 꿈꾼 것에 대한 판단을 유보하고 또한 그가 꿈속에서 본 것을 꿈꾸지 않은 것으로 만들어주는 절대적인 힘을 스스로 갖고 있다고 생각하는 사람은 없다고 나는 믿지만, 그럼에도 꿈속에서도 판단을 유보하는 일이 일어난다. 우리가 꿈꾸는 것을 우리가 꿈꿀 때{처럼 말이다}cùm somniamus nos somniare. 게다가 어느 누구도 그가 지각하는 한에서는 기만당하지 않는다는 것을 나는 인정한다. 다시 말해 그 자체로 고려되는 정신의 상상은 어떤 오류도 포함하지 않는다는 것을 나는 인정한다(이 부의{제2부} 정리 17의 주석을 보라). 그러나 사람이 지각하는 한에서 어떤 것도 긍정하지 않는다는 것을 나는 거부한다. 가령 날개 달린 말을 지각한다는 것은 말에 대해 날개를 긍정하는 것이 아니고 무엇이겠는가? 실로 정신이 날개 달린 말 이외에 다른 어떤 것도 지각하지 않는다면 그는 같은 것을 자신에게 현존하는 것으로 여길 것이며, 그래서 날개 달린 말의 상상이 같은 말의 현존을 배제하는 관념과 결합되거나 혹은 그가 가진 날개 달린 말의 관념이 부적합하다는 것을 그가 지각해서 같은 말의 현존을 필연적으로 거부하거나 같은 것에 관해 필연적으로 의심하는 경우가 아니라면 그것의 현존을 의심할 어떤 이유도 갖지 않을 것이며 {그것에} 동의하지 않을 어떤 능력도 갖지 않을 것이다.

이를 통해 나는 세 번째 반론에 대해서도 대답했다고 생각한다. 즉 의지는 모든 관념에 대해 서술되고 또한 모든 관념에 공통적인 것, 곧 긍정을 의미하는 보편적인 것이다. 이런 이유로 그것의 적합한 본질은, 그처럼 추상적으로 파악되는 한에서, 각각의 관념 안에 있어야 하며 또한 이런 근거에서만 모든 것 안에 같은 것으로 {있다}. 그러나 관념의 본질을 구성하는 것으로 간주되는 한에서 {그런 것은} 아니다. 왜냐하면 그런 경우에 관념 자체{가 다른 것}과 마찬가지로 개개의 긍정은 서로 다르기 때문이다. 예를 들어 원의 관념이 삼각형의 관념과 다른 것만큼이나 원의 관념이 포함하는 긍정은 삼각형의 관념이 포함하는 긍정과는 다르다. 다음으로 거짓된 것을 참되다고 주장하기 위해서 {필요한 만큼의} 동등한 사유력을 참된 것을 참된 것으로 주장하기 위해 우리가 필요로 한다는 것을 나는 완전히 부정한다. 왜냐하면 당신이 정신만을 고찰한다면, 이런 두 긍정{참인 것을 참이라고 긍정하는 것과 거짓인 것을 참이라고 긍정하는 것}은 거의 존재와 비존재의 관계와 같기 때문이다. 실로 관념 안에는 오류의 형상을 구성하는constituit 적극적인 어떤 것도 없다(이 부{제2부}의 정리 35와 그 주석 그리고 이 부{제2부}의 정리 47의 주석을 보라). 그리하여 우리가 단일한 것과 보편적인 것을

혼동하고 또한 이성의 존재들 및 추상체들을 실재들realibus
과 혼동할 때 얼마나 쉽게 기만당하는가를 여기서 특히 주목
해야 한다.

마지막으로 네 번째 반론과 관련된 것에 대해, 나는 이러
한 종류의 평형 상태에 있는 사람(그는 갈증과 배고픔, 그리고
그에게서 같은 거리에 떨어져 있는 음식과 마실 것 이외에는 지각
하지 않는다)이 배고픔과 갈증으로 죽을 것이라는 데 전적으
로 동의한다. 그러한 사람이 사람이라기보다는 오히려 당나
귀로 평가되어야 하는 것이 아니냐고 그들이 나에게 묻는다
면, 나는 목을 매 자살하는 사람이 어떻게 평가되어야 하는
지 {알지 못하겠고} 또한 소년, 바보, 광인 등이 어떻게 평가
되어야 하는지 알지 못하듯이 모르겠다고 말하겠다. 마지막
으로 이런 학설의 인식이 삶에 얼마나 많은 유용성을 가져
다주는지를 지적하는 일이 남아 있는데, 우리는 다음의 것을
통해 이를 손쉽게 주목할 수 있을 것이다. 즉,

(1) 우리는 신의 명령에 의해서만 행위한다{작용한다}는
것과 신의 본성에 참여한다는 것, 그리고 우리의 행위들이
더 완전하고 또한 우리가 신을 더 많이 알수록 더 그러하다
는 것을 그것{의지에 대한 이 학설}이 가르쳐주는 한에서 {이
런 학설의 유용성을 쉽게 주목할 수 있을 것이다}. 따라서 이
학설은 영혼에 온갖 종류의 평안함을 가져다주는 것 외에도,
II/136 우리의 최고의 행복summa felicitas 혹은 지복beatitudo이 오직

40

신의 인식에서 성립한다는 것을 우리에게 가르쳐주는 {유용성을} 갖고 있다. 이것{신의 인식}에 의해 우리는 사랑과 도의심이 권하는 것만을 행하게 된다. 이로부터 우리는 덕과 가장 고귀한 행위에 대해서뿐만 아니라 최고의 예속에 대해서도 신이 최고의 보답을 통해 {그들을} 영광스럽게 하리라고 decorari 기대하는 사람들이 진정한 덕의 평가에서 얼마나 멀리 이탈해 있는지 명백히 알 수 있다. {그들은} 마치 덕 자체와 신을 섬기는 일이 행복 자체와 최고의 자유가 아니어도 되는 것처럼 {행동한다}.[29]

(2) 운명적 사태들res fortunæ 혹은 우리의 지배{권한}in nostra potestate 하에 있지 않은 것, 다시 말해 우리의 본성에서 따라나오지 않은 것과 관련하여 우리가 어떻게 처신해야 하는지를 가르쳐주는 한에서 그것은 {실천적으로 유용하다}. 즉 우리는 운명의 양쪽 면을 한결같은 마음으로 기대하고 감내하지 않으면 안 된다.[30] 왜냐하면 삼각형의 본질로부터 그것의 세 각{의 합}이 이직각{180도}과 같다는 것이 따라나오는 것과 동일한 필연성에 의해 모든 것은 신의 영원한 명령에서 따라나오기 때문이다.

(3) 이 학설은 누구도 증오하지 말고 경멸하지 말며 조롱하지 말라는 것, {또한} 누구에게도 성내지 말고 누구도 시기하지 말라는 것을 가르쳐주는 한에서 사회적 삶vitam socialem에 유용하다. 이 밖에도 {이 학설은} 각자가 자신이 가진 것에

만족해야 하고, 여성과 같은 연민이나 편파성이나 미신에 의해서가 아니라, 내가 제4부에서 보여줄 것처럼,[31] 시간과 사태가 요구하는 것에 따라 이성의 명령에 의거해 그의 이웃을 도와야 한다는 것을 가르쳐주는 한에서 {사회적 삶에 유용하다}.

(4) 마지막으로 이 학설은 마찬가지로 국가communem societatem에 적지 않게 유용하다. {왜냐하면 그것은} 시민들이 노예로 존재하기 위해서가 아니라 최선의 것을 자유롭게 하기 위해 어떤 방식으로 통치되어야 하고 또한 지도받아야 하는지를 가르쳐주{기 때문이}다. 이를 통해 나는 이 주석에서 다루기로 했던 것을 끝마쳤고 또한 이로써 우리의 이 두 번째 부분을 마무리 지었다. 두 번째 부분에서 나는 인간 정신의 본성과 그것의 특성을 상세하게 설명했고 또한 주제의 어려움이 허락하는 한도 내에서quantùm rei difficultas fert 충분히 명백하게 설명했다고 생각한다. 게다가 다음 부에서 부분적으로 입증될 것처럼, 인식에 상당히 유용하고 필요한 고귀한 많은 것이 이런 것{내가 설명한 것}에서 도출될 수 있다.

서문

정서들affectibus과 인간의 삶의 방식vivendi ratione에 대해 썼던 대부분의 사람들은 자연의 공통된 법칙을 따르는 자연적인 것이 아니라 자연을 넘어서 있는 것을 다루는 것처럼 보인다. 실로 그들은 자연 안의 인간을 마치 국가 속의 국가 imperium in imperio[32]로 파악하는 것처럼 보인다. 왜냐하면 그들은 인간이 자연의 질서를 따른다기보다는 그것을 교란하고 자신의 행위에 대해 절대적 역량을 가지며, 따라서 자기 자신 이외에는 다른 어떤 것에 의해서도 규정되지 않는다고 믿기 때문이다. 그러고 나서 그들은 인간의 무력함과 불안정함의 원인을 자연의 공통적인 역량 탓으로 돌리지 않고, 내가 알지 못하는 인간 본성의 어떤 결함vitio 탓으로 돌려서 그것을 한탄하고 조롱하고 경멸하거나, 혹은 대부분의 경우 그렇듯이, 그것을 저주한다. 그래서 인간 정신의 무능력을 더 유창하고 더 신랄하게 들추어낼 줄 아는 사람은 신의 영감을 받은 사람으로 간주된다. 그렇지만 올바른 삶의 방식에 대해 고귀한 많은 것을 쓰고 또한 현명한 조언을 해준 탁월한 인물들이 없지 않았다(우리는 그들의 수고와 노력에 많은 것을 빚지고 있다고 고백한다). 그러나 내가 아는 한 어느 누구도 정서의 본성과 그 힘, 그리고 역으로contrà 정서의 제어와 관련해 정신이 무엇을 할 수 있는지를 규정하지 않았다. 실로 그 유명한 데카르트 역시 정신이 자신의 행위에 대해 절대적인 역량을 행사한다고 믿었음에도, 사람들의 정서를 제1원인을 통해 설명하려 했으며 또한 동시에 정신이 정서에 대해 절대적으로 명령할 권한imperium을 가질 수 있는 방식을 보여주려고 했다. 그러나 적어도 내가 보기에 그는, 내가 적당한 기회에 보여주겠지만, 자신의 위대한 정신적 능력의 명민함acumen 이외에는 보여준 것이 없다. 왜냐하면 {이제} 나는 인간의 정서와 행위를 이해하기보다는 {그것을} 저주하거나 혹은 조롱하기 좋아하는 그런 사람들{에 대한 논의}로 되돌아가고자 하기 때문이다. 아닌 게 아니라 이들에게는 내가 인간의 결함과 어리석은 행동을 기하학적 방식으로 다루려 하고 또한 이성에 반하고 공허하며 불합리하고 끔찍하다고 그들이 외치는 것을 내가 확실한 방식으로 증명하고자 하는 것이 이상하게 보일 것이다. 그러나 나의 근거는 이것이다. 자연 안에서는 그것의 결함 탓으로 돌릴 수 있는 어떤 것도 일어나지 않는다. 왜냐하면 자연은 항상 같은 것이고 어디에서든 하나이며 그것의 힘virtus과 작용하는 역량agendi potentiâ은 같기 때문이다. 다시 말해 그것에 따라 모든 것이 일어나고 또한 하나의 형태에서 또 다른 것으로 변화되는 {것을 가능케 하는} 자연의 법칙과 규칙은 어디에서나 항상 같은 것이다. 따라서 어떤 종류의 것이든 사물들의 본성을 파악하는 단 하나의 동일한 방식ratio, 즉 보편적인 자연의 법칙과 규칙을 통한 {방식}이 있어야 한다. 따라서 그 자체로 고려되는 증오, 분노, 시기 등의 정서는 또 다른 단일자들과 같은 본성의 필연성과 힘virtute으로 인해[33] 생긴다. 그래서 증오, 분노, 시기 등과 같은 정서는 그것을 인식시켜주는 확실한 원인을 가지며 또한 확정된 특성을 갖기에, 그것을 관조하는 것만으로 우리에게 기쁨을 주는 다른 모든 것의 특성과 동등하게 우리가 탐구할 만한 가치가 있다. 그러므로 나는 정서의 본성과 힘들viribus, 그리고 그들에 대한 정신의 역량potentiâ을 앞서 신과 정신에 대해 다룬 것과 같은 방법으로 다룰 것이며, 그래서 인간의 행위와 욕구를 마치 선, 면, 물체의 문제처럼 고찰할 것이다.

제4부 인간의 예속 혹은 정서의 힘에 대하여

서문

정서를 제어하고 통제하는 데 있어서 인간의 무능력을 나는 예속이라고 부른다. 실로 정서에 묶인obnoxius 인간은 자신의 권한 하에 있지 않고 운명[34]의 권한 하에 있다. 운명의 지배 아래서in cujus potestate 그는 자신에게 더 좋은 것을 보고서도 더 나쁜 것을 따를[35] 만큼 그렇게 항상 강제된coäctus

상태에 있다. 나는 이 사태의 원인과 그 밖에도 어떤 정서들이 좋은 것이고 어떤 {정서들이} 나쁜 것인지를 이 부에서 〔제4부에서〕 언급하려고 했다. 그러나 {본격적인 논의를} 시작하기에 앞서 완전성과 불완전성, 선과 악{좋음과 나쁨}에 관해 몇 마디 하는 것이 좋겠다.

어떤 사물을 만들기로 결심하고 또한 그것을 완성한perfecit 사람은 자신의 사물이 완성되었다perfectam esse고 말한다. {제작자} 자신뿐만 아니라 작품 제작자의 의도mentem와 목표 scopum를 정확히 알게 되었거나 스스로 알게 되었다고 믿는 사람은 누구나 {그렇게 말한다}. 예를 들어 누군가가 어떤 작품을(나는 그것을 아직 완성되지 않은 것으로 가정한다) 보고 작품 제작자의 목표가 집을 짓는 것임을 알게 되었다면 그는 집이 완성되지 않았다고 말할 것이고, 반대로 그것의 제작자가 같은 것{집}에 부여하려고 결심했던 목적ad finem에 이르게 되는 것을 보자마자 완성되었다{고 말할 것이다}. 그러나 누군가가 그것과 유사한 것을 결코 본 적이 없고 {그것을 만든} 장인의 의도를 알지도 못하는 어떤 작품을 본다면 그는 실로 저 작품이 완성되었는지 완성되지 않았는지 알 수 없을 것이다. 그래서 이것{제작자의 의도와 목표에 따라 완성된 것을 완전하다고 부르고 그렇지 않은 것을 불완전하다고 부르는 것}이 이런 어휘들{완전성과 불완전성}의 최초의 의미 significatio였던 것처럼 보인다.

그러나 사람들이 보편 관념들을 형성해서 집, 건물, 탑 등의 본exemplaria을 고안해내고excogitare 어떤 사물의 본을 다른 것보다 더 선호하기 시작한 이후에, 각자는 사물에 대해 그런 식으로 형성했던 보편 관념과 일치한다고 본 것을 완전하다고 부르고, 반대로 자신의 본 개념과 덜 일치하는 것으로 보이는 것은, 비록 그것이 장인의 의도에 따라ex opificis sententiâ 완전히 완성되었다고 하더라도, 불완전하다고 부르는 일이 일어났다. 확실히 인간의 손에 의해 만들어지지 않은 자연물을 일반적으로 완전하다거나 혹은 불완전하다고 부르는 다른 이유는 없는 것처럼 보인다. 왜냐하면 사람들은 자연물뿐만 아니라 인공물의 보편 관념을 형성하는 습관이 있으며, 이런 관념을 마치 사물의 본처럼 여겨 또한 자연이 그런 관념을 보고 (그들은 어떤 목적인 없이는 자연이 아무 일도 하지 않는다고 생각한다) {그것들을} 본으로 내놓는다고 믿기 때문이다. 따라서 {사람들이} 사물에 대해 그런 식으로 갖고 있는 본의 개념에 덜 부합하는 것처럼 보이는 어떤 것이 자연 안에서 일어날 때, 그들은 자연 자체가 실수했거나 잘못했거나 또한 그 사물을 불완전한 채로 남겨두었다고 믿는다. 따라서 사람들이 자연물에 대한 참된 인식에 의해서라기보다는 오히려 편견에 의해서 자연물을 완전하다거나 불완전하다고 부르는 데 익숙하다는 것을 우리는 알 수 있다. 실로 우리는 제1부의 부록에서 자연이 목적 때문에 작용하는 것이 아님을 보여주었다. 가령 우리가 신 혹은 자연이라고 부르는 저 영원하고 무한한 존재자는 {그것이} 존재하게끔 하는 것과 같은 필연성에 의해 작용한다. 왜냐하면 신이 존재하게끔 하는 본성의 필연성과 같은 필연성에 의해 신이 작용한다는 것을 우리는 보여주었기 때문이다(제1부 정리 16[36]). 따라서 신 혹은 자연Deus seu Natura이 왜 작용하는가라는 이유 혹은 원인은 왜 {그것이} 존재하는가라는 {이유 혹은 원인과} 동일한 것이다. 그러므로 어떤 목적인 때문에 그가 존재하지 않듯이, 마찬가지로 어떤 목적인 때문에 작용하지도 않는다. 그러나 신이 존재하기 위해서 어떤 시작principium이나 끝finem도 갖지 않는 것처럼, 작용하기 위해서 {어떤 시작이나 끝도} 갖지 않는다. 목적이라고 일컬어지는 원인은 그것이 어떤 사물의 원리 혹은 제1의 원인으로 간주되는 한에서의 인간의 욕구 자체와 다른 것이 아니다. 예를 들어 거주가 이 집 혹은 저 집의 목적이라고 우리가 말할 때, 우리는 {그것을 바로} 가정생활에 편리하다고 상상하기 때문에 그 사람이 집을 지을 욕구를 갖고 있다는 의미로 이해한다. 그리하여 목적인으로 간주되는 한에서의 거주는 이런 개별적인 욕구와 다른 것이 아니다. 이는 실은 작용인이며, 사람들이 자기 욕구의 원인에 대해 일반적으로 무지하기 때문에 제1의 {원인}으로 간주하는 것이다. 이미 누차 말한 바와 같이, 사람들은 자신의 행위와 욕구를 의식하지만 그들이 어떤 욕구를 {갖도

II/207

록) 규정하는 원인에 대해 무지하다. 이런 이유로 자연이 이 따금씩 실수하고 잘못을 저지르고 불완전한 사물을 생산한 다고 그들이 통속적으로vulgò 말하는 것을 나는 다수의 허구 가운데 {하나로} 간주하는데, 이에 대해서는 제1부 부록에서 다루었다. 따라서 완전성과 불완전성은 사실 사유의 양태들, 즉 우리가 같은 종 혹은 같은 유의 개체를 서로ad invicem 비교한 결과 고안해낸 개념들notiones일 뿐이다. 나는 이런 이유로 위에서(제2부 정의 6) 실재성과 완전성을 통해 같은 것을 이해한다고 말했던 것이다. 실로 우리는 자연의 모든 개체들을 가장 일반적인 것이라고 불리는 하나의 유로 소급해서 설명하는revocare 버릇이 있다. 즉 자연의 모든 개체들에 절대적으로 속하는 존재자의 개념으로 {소급해서 설명하는 버릇이 있다}. 이와 같이itaque 자연의 개체들을 유hoc genus로 귀착시키고 또한 {그것들을} 서로 비교하여 어떤 것이 다른 것보다 더 많은 존재성entitatis 혹은 실재성을 갖는다는 것을 발견 II/208 하기에, 우리는 어떤 것이 다른 것보다 더 완전하다고 말한 다. 또한 우리가 한계, 끝, 무능력 등과 같이 부정을 포함하는 어떤 것을 자연의 개체들에 귀속시키는 한에서 우리는 그것을 불완전하다고 부른다. 이는 그것이 우리가 완전하다고 부르는 것만큼 우리의 정신을 촉발하지 못하기 때문이지, 그들 고유의 어떤 것이 그들에게 결여되어 있거나 자연이 실수를 저지르기 때문은 아니다. 왜냐하면 작용인의 본성의 필연성으로부터 따라나오는 것을 제외하면 어떤 것도 사물의 본성에 속하지 않으며 또한 작용인의 본성의 필연성으로부터 따라나오는 것은 무엇이든 필연적으로 존재하기 때문이다.

선과 악{좋음과 나쁨}에 대해 말하자면, 그것은 실로 그 자체로 고려되는 사물 안의 적극적인 것이 아니라, 우리가 사물을 서로 비교하기 때문에 형성하는 사유의 양태들 혹은 개념과 다르지 않다. 왜냐하면 동일한 사물이 동시에 선하기도{좋기도} 하고 악하기도{나쁘기도} 하며 또한 {아무런} 관심도 끌지 않을indifferens 수 있기 때문이다. 예를 들어 음악은 우울한 이에게는 좋고 애도하는 이에게는 나쁘지만 귀머거리에게는 좋지도 않고 나쁘지도 않다. 그러나 사정이 이러함에도 이 어휘는 보존되어야 한다. 왜냐하면 우리는 우리가 주시하는 인간의 관념을 인간 본성의 전형{본}naturae humanae exemplar으로 형성하기를 원하는 까닭에, 내가 말했던 의미로 이 같은 어휘를 유지하는 것이 유익할 것이기 때문이다. 따라서 뒤따라 나오는 {논의}에서 나는 선{좋음}을 우리가 스스로에게 부과한nobis proponimus 인간 본성의 전형{본}에 더욱더 가깝게 다가가게 하기 위한 수단으로 분명히 인식하고 있는 것으로 이해할 것이다. 반면 나는 악{나쁨}을 우리가 같은 {인간 본성의} 전형을 재생산하지 못하게 방해하는 것으로 분명히 인식하고 있는 것으로 {이해할 것이다}. 이때 이 인간 본성의 전형{본}에서 사람들이 더 가까워지거나 혹은 더 멀어지는 한에서 우리는 그들을 더 완전하다거나 더 불완전하다고 부른다. 왜냐하면 어떤 것이 더 작은 완전성에서 더 큰 완전성으로 이행하고 또한 그 반대로 {이행한다고} 말할 때, 그것이 하나의 본성 혹은 형상forma에서 또 다른 것으로 변화됨을 이해하지 않는다는 점이 특히 강조되어야 하기 때문이다. 예를 들어 말이 벌레로 변화된다면 파괴될 것처럼 인간으로 {변화된다면} 파괴될 것이다. 그러나 우리는 {더 작은 완전성에서 더 큰 완전성으로의 이행을} 그것{말}의 작용하는 역량이, 그 자체의 본성에 의해서 이해되는 한에서, 증가 II/209 되거나ageri 혹은 감소되는minui 것으로 이해한다.[37] 마지막으로 완전성 일반을 나는 내가 말했던 대로 실재성으로, 다시 말해 지속에 대한 어떤 설명도 고려함 없이 확정된 방식certo modo으로 존재하고 결과를 생산하는 한에서 모든 사물의 본질로 이해한다. 왜냐하면 어떤 개별적인 사물도 실존하는 데 좀 더 오랜 시간을 존속했다는 이유로 더 완전하다고 일컬어지지는 않기 때문이다. 분명 사물의 지속은 그들의 본질을 통해 규정될 수 없다. 사물의 본질은 어떤 확정되고certum 규정된 실존의 시간을 포함하지 않기 때문이다. 그러나 어떤 하나의 사물은, 그것이 더 완전하든 혹은 덜 {완전하든}, 그것을 존재하기 시작하게 한 {힘과} 같은 힘에 의해 항상 존재를 유지할 수 있을 것이며, 따라서 모든 것은 이 점에서 동등하다.

이 부{제4부}에서 올바른 삶의 방식에 대해 말했던 것은 한눈에 볼 수 있게 배열되어 있지 않고, 오히려 하나의 주장이 또 다른 것으로부터 좀 더 손쉽게 연역될 수 있는 방식에 따라 여기저기서disperse 증명되었다. 따라서 여기서는 그것을 다시 {한데} 모아 주요한 항목에 따라 재배열하고자redigere 한다.

제1항. 우리의 모든 자기 보존의 힘들conatûs 혹은 욕망들cupiditates은 그들의 근접 원인으로서의 본성 자체만을 통해 파악될 수 있는 방식으로 우리 본성의 필연성으로부터 따라나오거나 혹은 다른 개체{적인 부분}들 없이 그 자체로 적합하게 파악될 수 없는 자연의 부분인 한에서 {따라나온다}.

제2항. 그 자체만을 통해 파악될 수 있는 방식으로 우리의 본성에서 따라나오는 욕망은, 적합 관념으로 구성된 것으로 파악되는 한에서, 정신과 관련된 것이다. 실로 나머지 욕망은 그가 사물을 부적합하게 파악하는 한에서가 아니라면 정신과 관련되지 않으며, 따라서 그 욕망의 힘과 {그들의 힘의} 증가는 사람의 힘이 아니라 우리 바깥에 있는 사물의 힘을 통해 정의되어야 한다. 따라서 올바르게도 전자의 것을 능동적 정서라고 부르고, 후자의 것을 정념{이라고 부른다}. 왜냐하면 전자의 것은 우리의 역량을 항상 나타내는indicant 반면

후자의 것은 우리의 무능력과 단편적인 인식mutilatam cognitionem을 나타내기 때문이다.

제3항. 우리의 능동적 정서, 다시 말해 인간의 역량 혹은 이성에 의해ratione 규정되는 그런 욕망은 항상 좋은 반면, 다른 것은 나쁠 수 있을 뿐만 아니라 좋을 수도 있다.

제4항. 따라서 삶에서, 우리가 할 수 있는 한, 지성 혹은 이성intellectum seu rationem을 완전하게 하는 것perficere이 특히 II/267
유용하며, 이 하나의 것에서만 인간의 최고 행복 혹은 지복이 성립한다. 왜냐하면quippe 지복은 신에 대한 직관적 인식에서 생겨나는 영혼의 만족 자체와 다른 어떤 것이 아니기 때문이다. 그러나 지성을 완전하게 한다는 것은 신과 신의 속성38 그리고 신의 본성의 필연성으로부터 따라나오는 작용들을 이해하는 것과 다른 어떤 것이 아니다. 따라서 이성에 의해 인도되는 사람의 궁극적인 목적finis ultimus, 다시 말해 나머지 모든 것을 그가 지배할 수 있도록 하는 최고의 욕망은, 자기 자신과 자신의 지성 아래에 포섭될 수 있는 모든 것들을 적합하게 파악할 수 있게 하는 욕망이다.

제5항. 따라서 이해intelligentiâ 없는 이성적 삶이란 없으며, 그래서 사물은 인간이 이해를 통해 정의되는 정신의 삶을 향유하도록 돕는 한에서만 좋다. 그와 반대로 인간의 이성을 완전하지 못하게 하고 또한 이성적인 삶을 향유하지 못하게 하는 것들만을 우리는 나쁘다고 말한다.

제6항. 그러나 인간을 작용인으로 하는 그러한 모든 것은 필연적으로 좋으며, 따라서 외부인 원인들을 통해서가 아니라면 어떤 나쁜 것도 인간에게서 일어날 수 없다. {인간이} 전 자연의 일부인 한에서, 즉 자연의 법칙들에 인간의 본성이 따를 수밖에 없고 자연에 거의 무한한 방식으로 자기 자신을 순응시킬 수밖에 없는 한에서 {인간에게 악한{나쁜} 일이 일어날 수 있다}.

제7항. 인간이 자연의 일부가 아니라는 것은 있을 수 없으며 자연의 일반적인 질서를 따르지 않는다는 것도 있을 수 없다. 그러나 인간 자신의 본성과 일치하는 그런 종류의 개인들 사이에서 {그가} 산다면, 바로 그 사실에 의해 그의 활동하는 역량은 도움을 받게 되고 또한 증가될 것이다. 그러나 반대로 자신의 본성과 매우 적게 일치하는 그런 종류의 {개체들} 사이에서 그가 산다면, 그 자신의 엄청난 변화 없이는 그들에게 거의 적응할 수 없을 것이다.

제8항. 사물의 본성 안에서 우리가 악하다{또는 나쁘다}고 판단하는 것, 혹은 {우리가} 존재하는 것을 {방해할 수 있고 또한 이성적 삶의 향유를 방해할 수 있다고 {우리가 판단하는} 것은 무엇이든 우리에게는 보다 안전한 것처럼 보이는 길을 통해 그것을 우리에게서 제거하는 것이 허락된다. 그리고 반대로 우리가 좋다고 판단하는 것, 즉 우리의 존재를 보존하고 또한 이성적인 삶을 향유하는 데 유용한 것은 무엇이

든 우리의 이익을 위해 {그것을} 취하고 어떤 식으로든 우리에게 유리하게 {그것을} 활용하는 것이 허락된다. 따라서 일반적으로 말해absolutè 최상의 자연권을 통해 각자의 유용성에 부합한다고 각자가 판단하는 것을 행하는 것이 허락된다.

제9항. 같은 종의 또 다른 개체들보다 어떤 사물의 본성에 더 부합할 수 있는 것은 없다. 따라서 (제7항에 의해) 존재를 유지하고 또한 이성적 삶을 향유하는 데 이성에 의해 인도되는 인간보다 인간에게 더 유용한 것은 없다. 다음으로 우리는 개별적인 사물들res singulares 가운데서 이성에 의해 인도되는 사람보다 더 귀중한 것을 알지 못하며, 따라서 각자는 결국 이성의 명령imperio에 따라서 살도록 사람들을 교육하는 데서 그의 기술과 기질이 어느 정도 유능한지valeat 보여줄 수 있다.

제10항. 사람들이 서로에 대해 시기invidiâ와 증오odii의 정서를 품는 한 {그들은} 서로 반대되며, 결과적으로 자연의 또 다른 개체들보다 더 힘이 셀수록 사람들은 더욱더 두려움의 대상이 된다.

제11항. 그렇지만 마음은 무기에 의해서가 아니라 사랑과 관대함generositate에 의해 정복된다.[39]

제12항. 사람들에게 무엇보다도 유용한 것은 친교를 이루고 또한 그들 모두를 좀 더 긴밀하게 하나로 묶어주는 결속을 통해 서로 결합하는 것, 일반적으로 말해 우정을 견고하

게 하는 데 공헌하는 것을 수행하는 것이다.

제13항. 그러나 이를 위해서는 기술과 주의가 요구된다. 왜냐하면 사람들은 다양하며(이를테면 이성의 명령에 따라 사는 사람들은 드물다), 그럼에도 대부분, {서로} 시기하며 그래서 동정misericordiam하기보다는 복수vindictam하는 경향이 있기 때문이다. 따라서 각자가 자신의 기질에 따라 행동하고 또한 그들의{이성의 명령에 따라 살지 않는 사람들의} 정서를 모방하는 일을 스스로 자제하기 위해, 영혼의 독특한 힘 singularis animi potentiæ이 필요하다. 그러나 그와 반대로 사람들을 비판하고carpere {그들의} 장점들을 가르치기보다는 오히려 결점들을 비난하며 사람들의 영혼을 강하게 하는 것이 아니라 약하게 할 줄{만} 아는 사람들은 그들과 자신{을 비롯해서} 나머지에게 성가신 존재들이다. 이런 이유로 극단적인 II/270 영혼의 무능력과 종교적 광신의 허구성에 빠져 있는 많은 이들은 사람들끼리 살기를 원하기보다는 오히려 야수들끼리 살기를 원한다{고 할 수 있다}. 이는 마치 부모의 꾸지람을 인내심 있게 견디지 못하는 아이들이나 청소년들이 군대로 도피하여 가정의 편안함과 아버지의 훈계 대신 전쟁의 불편함과 폭군의 권위를 선택해서, 부모에게 복수하기 위해서라면 어떤 짐도 감내하는 것과 같다.

제14항. 따라서 대부분의 경우 사람들의 강한 욕망이 모든 것을 지배함에도 불구하고, 그들의 공통된 사회에서 손해보

다 훨씬 더 큰 이득이 따라나온다. 따라서 그들{다른 사람들}의 무례를 인내심 있게 견디는 것이 더 나으며 또한 일치와 우애를 일으키는 데 도움을 주는 것들에 열정을 쏟는 게 더 낫다.

제15항. 일치concordiam를 낳는 것은 정의, 공정함æquitatem, 정직함honestatem과 관련된 것이다. 왜냐하면 부정의한 것과 불공평한 것iniquum 이외에도 추한 것으로 여겨지는 것이나 국가에 의해 받아들여진 관습들을 거부하는 것에 대해서도 사람들은 분노하기 때문이다. 그러나 {사람들의} 사랑을 얻기 위해서는 무엇보다 종교와 도의심이 고려하는 종류의 것이 필요하다. 이에 대해서는 제4부 정리 37의 주석 1과 2와 정리 46 및 주석[40] 그리고 정리 73[41]을 보라.

제16항. 이 밖에도 일치는 대부분의 경우 신뢰 없는 공포에서 생겨난다. 공포는 영혼의 무능함에서 유래하며, 이런 이유로 이성의 사용과는 관련이 없다는 점을 덧붙이자. 동정 역시도 {이성의 사용과는 무관하다}. 비록 그것이 도의심의 외양을 나타내는 것처럼 보이더라도 말이다.   II/271

제17항. 사람들은 그 밖에 너그러움largitate에 의해서도 정복되며, 특히 생명을 유지하는 데 필요한 것을 마련할 수 있는 수단을 갖고 있지 못한 사람들이 {그렇다}. 그러나 모든 빈자에게 도움을 주는 것은 일개인의 힘과 유용성을 훨씬 벗어난다. 왜냐하면 일개인의 부는 그것을 제공하기에는 턱없이

부족하기 때문이다. 이 밖에도 한 사람의 힘은 훨씬 더 제한되어 있어서 모든 이들을 우애로 묶을 수 없다. 따라서 빈자들에 대한 관심은 전 사회의 소관이며 단지 공동의 유용성과 관련된다.

제18항. 호의를 받아들이는 데 대한 관심과 보답을 하는 것에 대한 관심은 전혀 다른 것임에 틀림없다. 이에 대해서는 제4부의 정리 70의 주석과 정리 71의 주석을 보라.

제19항. 성애amor meretricus, 다시 말해 외모에서 오는 성적 욕구generandi libido, 또한 일반적으로 말해 영혼의 자유 이외에 또 다른 원인을 인정하는 모든 사랑은 일종의 착란이 아니라면(그런데 이는 더 나쁜 것이다) 증오로 쉽게 변한다. 그런데 이때 그것은 일치보다는 불일치에 의해 일어난다. 제3부 정리 31의 주석을 보라.

제20항. 결혼과 관련하여 확실한 것은 신체들을 결합시키려는 욕망이 외모뿐만 아니라 아이들을 낳고 그들을 현명하게 교육하려는 사랑에 의해 일어난다면 이성과 일치한다는 것이다. 또한 덧붙여 남성의 사랑과 여성의 사랑이 외모만이 아니라 특히 영혼의 자유를 원인으로 가진다면 {이성과 일치한다는 것은 확실하다}.

제21항. 아첨은 일치를 낳기는 하지만 추악한 예속의 비난이나 배반을 통해 {일치를 낳는다}. 왜냐하면 으뜸이 되고 싶어 하지만 그렇지 못한 오만한 자보다 더 아첨에 사로잡히기

II/272

쉬운 사람은 없기 때문이다.

제22항. 자기 비하에는abjectioni[42] 신앙심pietatis[43]과 종교의 거짓된 모습이 있다. 따라서 자기 비하가 오만에 대립된다고 하더라도 자기 비하적인 사람은 오만한 사람에 가깝다. 제4부 정리 57의 주석을 보라.

제23항. 이 밖에도 수치심pudor은 일치(조화)에 공헌하지만 숨길 수 없는 것들과 관련해서만 {그렇다}.[44] 다음으로 수치심 자체는 일종의 슬픔이기 때문에 이성의 사용과는 관련이 없다.

제24항. 인간을 향한 다른 모든 슬픔의 정서는 정의, 공정, 정직함, 도의심, 종교에 전적으로 대립되며, 그래서 비분강개indignatio가 공정의 모습을 나타내는 것처럼 보인다고 해도, 우리는 타인의 행위에 대해 각자가 판결을 내려 자신의 권리 혹은 타인의 권리를 요구하는 것이 허락되는 곳에서는 무법(상태)에서 살게 된다.

제25항. 정중함modestia,[45] 다시 말해 이성에 의해 규정되 II/273
어 사람들에게 기쁨을 주려고 하는 욕망(제4부 정리 37의 주석 1에서 우리가 말한 것처럼)은 경건함과 관련된다. 그러나 정중함이 정서에서 유래한다면 이것은 야심ambitio 혹은 거짓된 경건함의 모습을 통해 일반적으로 불화discordias와 갈등을 불러일으키는 욕망이다. 왜냐하면 최고선을 함께 향유하기 위해 충고를 통해서나 혹은 행동을 통해서 다른 이들을 도와

주고자 하는 사람은 특히 그들에 대한 사랑을 자신과 조화시키기를 원하겠지만, 어떤 학설을 자신의 이름에 따라 부르게 하기 위해 그들을 경탄admirationem[46]시키기를 원치 않을 것이며, 일반적으로 말해 어떤 시기의 원인도 그들에게 주려고 하지 않을 것이기 때문이다. 다음으로 일상적인 대화 상황에서 그는 사람들의 결점들을 언급하는 데 주의할 것이며 또한 인간의 무능함에 대해서는 드물게만 말할 것이다. 그러나 인간의 덕 혹은 힘에 대해서, 그리고 {인간의 덕 혹은 힘을} 완성시킬 수 있는 방법에 대해서는 풍부하게 말할 것인데, {그것은} 이처럼 공포나 반감에 의해서가 아니라 기쁨의 정서만을 통해 자극을 받는 사람들이, 자신의 역량에 의해 할 수 있는 만큼[47] 이성의 명령에 따라 살도록 노력하게 하기 위해서다.

제26항. 자연 안에서 정신을 통해 {우리에게} 기쁨을 주고, 우애 혹은 어떤 종류의 친교를 통해 우리가 결속시킬 수 있는 개별자는 사람밖에 없다. 그렇기 때문에, 자연 안에 사람들 이외의 어떤 사물들이 존재하든, 우리 유용성의 기준 nostræ utilitatis ratio은 그것을 보존하라고 요구하지 않는다. 오히려 그것{우리 유용성의 기준}은 다양한 쓰임에 따라서 우리에게 {그것을} 보존하거나 파괴하라는 가르침을 주거나 혹은 우리의 쓰임에 맞게 어떤 방식으로든 그것을 개조하라는 adaptare 가르침을 준다.

제27항. 우리 바깥에 있는 사물들을 관찰하고 또한 그것들 의 형상을 변화시킴으로써 우리가 획득하는 경험과 인식 이 II/274 외에, 우리 바깥에 있는 사물들에서 우리가 포착하는 유용 성은 특히 신체의 보존이다. 그래서 이런 이유로 모든 신체 의 부분들이 정확하게rectè 그들의 직무에 따라 기능할 수 있 도록 신체를 지탱시킬 수 있고 또한 양분을 줄 수 있는 사물 들이 무엇보다 유용하다. 왜냐하면 신체가 많은 방식들로 촉 발될 수 있고 또한 많은 방식들로 외부물체들에 영향을 줄 수 있는 만큼, 사유하는 데는 정신이 더 적합하기 때문이다 (제4부의 정리 38과 39를 보라). 그러나 자연 안에는 이런 특징 을 지닌 극소수의 것들만이 존재하는 것처럼 보인다. 그리하 여 필요한 만큼 신체에 양분을 주기 위해서는 상이한 본성의 다수 영양분들을 이용할 필요가 있다. 왜냐하면 인간의 신체 는 매우 많은 상이한 본성의 부분들로 구성되어 있기 때문이 다. [인간의 신체는] 전 신체가 자신의 본성으로부터 따라나 올 수 있는 모든 것을 전과 같은 방식으로 할 수 있기 위해, 따라서 결과적으로 정신 역시도 다수의 것들을 전과 같은 방 식으로 사유할 수 있기 위해 계속적으로 다양한 영양분을 필 요로 한다.

제28항. 이를 마련하기 위해서 사람들이 서로에게 도움을 주지 않는다면 각자의 힘으로는 거의 충분하지 않을 것이다. 실로 돈이 모든 사물들의 축약[된 표징]compendium을 제공했

으며, 그래서 돈의 심상이 일반 대중의 정신을 극도로 사로잡곤 하는 일이 일어났다. 왜냐하면 대중은 원인으로서의 화폐 관념을 동반하지 않는 어떤 종류의 기쁨도 거의 상상할 수 없었기 때문이다.

제29항. 그러나 이{화폐 관념을 동반하지 않는 어떤 종류의 기쁨도 누리지 못하는 것}는 결핍에 의해서거나 필요한 것 때문{에 돈을 찾는 사람들}이 아니라 돈을 버는 기술을 알게 되고, 이를 통해 자신을 화려하게 드러나게 하는 사람들의 악덕이다. 그들은 습관적으로 신체에 음식을 공급하지만, 신체 보존을 위해 그들이 갖고 있는 것을 소비하는 만큼 그것들이 상실된다고 믿기 때문에, 인색하게parcè{그렇게 한다}. 돈의 진정한 사용법을 아는 사람들, 그래서 오직 그들의 필요에 따라서만 부의 규모를 조절하는 사람들은 약간의 것에 만족하며 산다.

제30항. 따라서 신체의 부분들이 그들의 기능을 수행하도록 도와주는 사물은 좋으며, 그래서 기쁨은, {인간이} 정신과 신체에 의해 구성된 한에서, 인간의 역량이 촉진되거나 혹은 증가하는 데서 성립하며, 따라서 기쁨을 가져다주는 그런 모든 것은 좋다. 그렇지만 반대로 사물은 우리에게 기쁨을 촉발할 목적으로 작용하지 않으며, 또한 그들의 작용하는 역량은 우리의 유용성에 따라 조절되지 않기 때문에, 또한 마지막으로 기쁨은 대부분의 경우 특히 신체의 단 한 부분과 관

련되기 때문에, 기쁨의 정서(이성과 주의가 없다면)와 결과적으로는 그것들에서 발생하는 욕망 역시 과도하다. 이에 다음의 것이 덧붙여진다. 우리는 정서에 있어서 현재에 즐거운 것을 우선적인 것으로 간주하며, 따라서 미래의 것을 같은 영혼의 정서에 의해 평가할 수 없다.[48] 제4부 정리 44의 주석과 정리 60의 주석을 보라.

제31항. 그러나 미신은 반대로 슬픔을 가져다주는 것을 좋다고 여기는 것처럼 보이고 또한 기쁨을 가져다주는 것을 나쁘다고 여기는 것처럼 보인다. 그러나 이미 말했듯이(제4부 정리 45의 주석을 보라), 질투심 많은 사람이 아니라면 어느 누구도 무능력과 불리한 처지에 기뻐하지 않는다. 왜냐하면 우리에게 좀 더 많은 기쁨이 촉발될수록 우리는 그만큼 더 큰 완전성으로 이행하기 때문이다. 따라서 결과적으로 우리는 신의 본성에 더 많이 참여하며, 그래서 우리 유용성의 진정 II/276 한 기준에 의해 조절되는 기쁨은 결코 악할 수 없다. 그러나 반대로 공포에 의해 이끌리고 또한 악을 피하기 위해 선을 행하는 사람은 이성에 의해 이끌리는 것이 아니다.

제32항. 그러나 인간의 역량은 극히 제한되어 있고 외부 원인들의 역량에 무한히 압도당한다. 그러므로 우리는 우리 바깥에 있는 사물을 우리에게 유리하게 개조할 절대적인 역량을 갖고 있지 않다. 그렇지만 우리 유용성의 기준이 요구하는 것에 반해서 우리에게 일어나는 것을 우리는 끈기를 갖

고 감내한다. 우리가 우리의 직무를 수행한다는 것, 그리고 우리의 역량이 그것(우리 유용성의 기준에 반해서 우리에게 일어나는 것들)을 피할 만큼 멀리 확장될 수 없다는 것, 우리가 전 자연의 일부이며, 그것의 법칙을 따른다는 점을 의식한다면 말이다. 만약 우리가 그것을 명석판명하게 이해한다면, 이해에 의해 정의되는 우리의 저 부분, 다시 말해 우리의 좀 더 나은 부분은 분명히 그것에 만족하고 또한 바로 그 만족을 유지하려고 노력할 것이다. 왜냐하면, 우리가 이해하는 한에서, 우리는 필연적이지 않은 어떤 것도 열망하지 않으며, 일반적으로 말해 참된 것이 아니라면 만족할 수 없기 때문이다. 따라서 우리가 이런 것을 올바르게 이해하는 한에서 우리의 좀 더 나은 부분의 노력은 전 자연의 질서와 일치한다.

제5부 지성의 역량 혹은 인간의 자유에 대하여

서문

나는 최종적으로 윤리학의 또 다른 부분으로 넘어갈 것인데, 이는 자유로 이끄는 방식 혹은 길에 관한 것이다. 그러므로 여기서는 이성 자체가 정서에 대해 무엇을 할 수 있고, 다음으로 정신의 자유 혹은 지복이 무엇인지를 보여줌으로써 이성의 역량에 관해 다룰 것이며, 이를 통해 우리는 현인 sapiens이 무지자ignaro보다 얼마나 더 힘이 있는지를 보게 될 것이다. 그러나 어떤 방식으로 그리고 어떤 길을 통해 지성이 완성되어야 하는지, 다음으로 신체의 기능을 정확하게 수행하기 위해 신체를 어떤 식으로 돌보아야 하는지에 대해서는 여기서 다루지 않겠다. 왜냐하면 후자는 의학에서 고찰하고, 전자는 논리학에서 {고찰하기} 때문이다.[49] 그러므로 여기서는, 내가 말했듯이, 정신 혹은 이성의 힘에 대해서만 다룰 것이며, 무엇보다도 {정신 혹은 이성이} 정서를 저지하고 통제하기 위해 그것에 대해 어떤 종류의 지배력을 얼마나 많이 가지는지를 보여줄 것이다.

그러나 이미 위에서 우리가 증명했듯이 우리는 정서에 대해 절대적인 지배력을 갖고 있지 못하다. 그런데도 스토아주의자들은 정서가 우리의 의지에 절대적으로 의존하며 또한 우리가 그것에 대해 절대적으로 명령을 내릴 수 있다고 믿는다. 그러나 실로 그들의 원리에 의거해서가 아니라 경험의 항변 때문에, {그들은} 정서를 저지하고 통제하기 위해 적지 않은 훈련이나 노력이 필요하다고 고백하지 않을 수 없었다. (내 기억이 정확하다면) 하나는 집을 지키고domestici, 다른 하나는 사냥을 하는venatici 두 마리 개의 예를 통해 누군가가 보여주려고 했던 것이 바로 이것이다. 즉 훈련을 통해 결국 애완견으로 하여금 사냥하게 할 수 있었고, 반대로 사냥개가 II/278

산토끼를 쫓지 못하게 할 수 있었다.

데카르트는 이런 견해를 매우 선호했다.[50] 왜냐하면 그는 영혼 혹은 정신Animam seu Mentem이 두뇌의 어떤 특정 부분, 이른바 송과선과 연합되어 있어서 그것의 도움으로 정신이 신체 안에서 유발되는 모든 운동과 외부 대상들을 지각하며 또한 정신이 의지한다는 바로 그 {사실}만으로 그것 {송과선}을 다양하게 움직일movere 수 있다고 생각했기 때문이다. 그는 이 송과선이 아주 약간의 동물 정기들spirituum animalium[51]의 운동에 의해서도 작동될 수 있도록 두뇌 중앙부에 달려 있다고 생각했다. 더 나아가 그는 동물 정기들이 {송과}선으로 밀려드는 다양한 방식들이 있는 그만큼 {송과} 선은 두뇌의 중앙부에 다양한 방식으로 있다는 것과 이 밖에도 동물 정기들을 송과선으로 유입시키는 다양한 외부 대상들이 있는 그만큼 송과선 안에는 다양한 흔적들이 각인되어 있다고 믿었다. 이로부터 다음과 같은 일이 일어났다. 만약 송과선이 이후 그것을 다양한 방식으로 움직이는 영혼의 의지에 의해, 이전에 {동물} 정기들에 의해서 그랬던 것처럼 이런 혹은 저런 방식으로 존재하게 된다면, 송과선 자체는 유사한 {송과}선의 상태를 통해 이전에 밀쳐냈던 것과 같은 방식으로 동물 정기들을 배출하고 또한 규정할 것이다. 이 밖에도 그는 정신의 각각의 의지가 본성적으로 송과선의 어떤 규칙적인 운동과 연합되어 있다고 생각한다. 예를 들어 만약 누군가가 멀리 떨어져 있는 대상을 바라보려는 의지를 갖고 있다면 이 의지는 눈동자를 커지게 할 것이다. 그러나 내가 눈동자의 확장만을 생각한다면 그것에 대한 의지를 가진다는 것은 {눈동자를 크게 하는 데} 아무런 소용도 없을 것이다. 왜냐하면 자연은, 눈동자를 팽창시키거나 수축시키는 데 적합한 방식으로 시신경을 향해 정기들을 몰아대는, {송과}선의 운동을 그것{눈동자}을 확대하거나 축소하는 의지와 연계시키지 않고 멀거나 가까운 대상을 바라보려는 의지와 연계시키기 때문이다. 마지막으로 비록 송과선의 각각의 운동 이 우리가 태어날 때부터 우리의 사유들 각각과 본성적으로 연관되어 있는 것처럼 보인다고 해도, {이런 운동들은} 습관을 통해 또 다른 {사유}들과 결합될 수 있다고 그는 생각했는데, 그는 이것을 《정념론*Les Passions de l'âme*》, 제1부 50절[52]에서 입증하려고 했다. 이를 통해 그는 지도를 잘 받았을 때 자신의 정념에 대해 절대적 지배권을 얻을 수 없을 만큼 연약한 영혼은 없다고 결론 내린다. 정념은 그에 의해 정의되듯이 지각이거나 감각이거나 영혼과 특별히 관련을 맺고 있는 영혼의 동요commotiones animae인데 —— 주목하라 —— 〔이런 영혼의 동요는 정기들의 어떤 운동을 통해서 생산되고 유지되고 강화된다〕(《정념론》, 제1부 27절[53]을 보라). 그러나 우리는 송과선의 어떠한 운동, 결과적으로 {동물} 정기들을 어떤 의지와도 결합시킬 수 있으며, 그래서 우리의 의지 규정

II/279

은 오직 우리의 역량에 의존한다. 따라서 우리가 삶 속에서 따르고 싶어 하는 행위의 확실하고 확고한 판단들에 의해 우리의 의지를 규정하고, 우리가 갖고 싶어 하는 정념의 운동들을 이런 판단들과 결합시킨다면 우리의 정념들에 대해 절대적인 지배권을 얻게 될 것이다.

이것이 (그의 말을 통해 내가 추측하는 한에서) 저 유명한 사람{데카르트}의 생각이다. 그것이 그다지 명철하지 못하기에 그처럼 위대한 사람이 언급했다고는 거의 믿어지지 않지만 말이다. 자명한 원리들을 통해서가 아니라면 아무것도 연역하지 않고 명석판명하게 지각한 것이 아니라면 어떤 것도 긍정하지 않는다고 확고하게 결심했으며 또한 너무나 자주 스콜라 철학자들에 대해 모호한 것들을 신비한 성질occultâ qualitate을 통해 설명하려 했다고 비난을 가한 한 사람의 철학자가 신비한 모든 성질보다 더 신비한 가설을 받아들인다는 것은 분명 너무나 놀랍지 않을 수 없다. 정신과 신체의 연합을 통해 그가 이해한 바가 무엇인지 나는 묻는다. 말하자면 그는 양의 어떤 작은 부분과 매우 밀접하게 연합되어 있는 사유에 대해 어떤 명석판명한 개념을 갖고 있는가? 실로 나는 그가 이런 연합을 근접 원인을 통해 설명하기를 원했다. 하지만 그는 신체와 구분되는 판명한 정신의 개념을 형성했음에도, 이것{정신과 신체}의 연합이나 정신 자체에 대해 어떤 단일한 원인도 할당할 수 없었으며, 그래서 전 자연

II/280

68

의 원인, 다시 말해 신에 의지할 필요가 있었다. 다음으로 정신이 얼마나 많은 운동을 이 송과선에 나누어줄 수 있는지, 또 정신이 얼마나 큰 힘을 가지고 그것(송과선)의 상태를 유지시킬 수 있는지 나는 진정 알고 싶다. 왜냐하면 나는 이 송과선이 동물 정기들이 아니라 정신에 의해 보다 느리거나 보다 빠르게 옮겨 다니는지 알지 못하며, 또 우리가 확고한 판단들과 밀접하게 결합시켰던 정념들의 운동들이 신체의 원인들에 의해 다시 그런 판단들과 분리될 수 있는지 알지 못하기 때문이다. 이로부터 다음의 것이 따라나올 것이다. 비록 정신이 위험에 대처해나갈 것을 확고하게 스스로에게 제안하고 이 명령에 용기의 운동을 결합시킨다고 하더라도 위험을 보았을 때 송과선은 도망갈 궁리만 하는 그런 상태에 있게 된다. 그래서 확실히 의지가 운동과 무관한 것처럼 정신과 신체의 역량 혹은 힘들vires 사이에는 어떤 비교(기준)도 존재하지 않는다. 그래서 결과적으로 신체의 영향력은 결코 정신의 영향력에 의해 규정될 수 없다. 이에 다음을 덧붙이자. 그렇게 두뇌 중앙부에 있으면서 그렇게 손쉽게 그리고 그렇게 많은 방식으로 작동할 수 있는 송과선은 발견되지 않고 있으며, 모든 신경들은 두뇌의 구멍만큼 멀리 뻗어 있지도 않다. 마지막으로 의지와 그것의 자유에 대해서 그가 단언하는 모든 것을 나는 생략하고 넘어가겠다. 왜냐하면 이것이 오류라는 것을 앞에서 충분히 보여주었기 때문이다. 그리하여 정신의 역량은 앞에서 내가 보여주었던 것처럼 지성에 의해서만 정의되기 때문에, 우리는 정서의 치료를 정신의 인식mentis cognitione으로[54] 규정할 것이다. 이런 치료를 모든 사람들은 실로 경험하지만 정확하게 관찰하지 않으며 그것을 판명하게 보지도 못한다고 나는 믿는다. 그래서 이런 정신의 인식으로부터, 우리는 지복 자체와 관련된 모든 것을 연역할 것이다.

자연 속에서
자유를 추구한 철학자

1. 데카르트를 넘어선 스피노자

스피노자 연구자들은 그의 철학이 다양한 사상적 요소에서 영향을 받았다는 것에 거의 의견이 일치하고 있다. 스피노자가 어떤 사람에게는 '무신론자'로 묘사되고 또 어떤 사람에게는 '신에 취한 사람'으로 묘사되는 등, 다양한 얼굴을 가진 철학자로 해석되고 평가되는 것도 이런 다양한 사상적 배경과 무관하지 않다.

강조점의 차이는 있지만 적어도 다섯 가지 사상적 원천, 즉 유대적 요소, 르네상스 휴머니즘적 요소, 스콜라 철학적 요소, 데카르트적 요소, 경험론적 요소 등이 스피노자의 사상적 배경을 이룬다는 데 대부분의 스피노자 연구자들이 동의하고 있다. 그러나 지면의 제약과 이런 광범위한 주제를 포괄적으로 다룰 옮긴이의 능력 부족, 또 가장 중요하게는 이후 나올 원문의 내용이 대부분 데카르트 비판과 관련된 것이라는 점에서, 여기서는 데카르트적 요소를 중심으로 스피노자의 학문적 배경을 서술하려 한다. 특히 스피노자가 데카르트의 주요 개념을 어떻게 변형시키고 있고, 데카르트의 핵심적 논제에 대해 어떤 문제제기와 대안을 제시하고 있는지를 중심으로 전개할 것이다.

(1) 실체의 문제

근대 철학은 '실체의 철학'이라고 해도 과언이 아닐 만큼 모든 근대 철학자들에게 실체란 무엇인가라는 문제는 하나의 화두였다. 그러나 근대에 제기된 실체의 문제는 과학의 발달로 인한 기계론적 세계관의 대두와 함께 자연에 대한 법칙적 이해와 철학적 사변을 조화시킨다는 맥락에서 제기되었고, 데카르트는 이런 논의의 물꼬를 튼 사람이라고 할 수 있다.

데카르트는 실체를 "존재하기 위해 다른 어떤 것도 필요로 하지 않는 것"(《철학의 원리*Principia Philosophiae*》, 51)으로 정의한다. '다른 어떤 것도 필요로 하지 않는 것'은 다른 것에 의존하지 않고 스스로 존재할 수 있는 것이기에, 데카르트는 실체를 의존적이지 않고 자립적인 존재로 규정하고 있다고 할 수 있다. 데카르트는 이런 의미의 실체는 절대자인 신밖에 없다고 분명히 주장하지만(《철학의 원리》, 51), 곧이어 존재하기 위해 신의 조력만을 필요로 하는 물체와 정신 역시 실체라고 주장하면서(《철학의 원리》, 52) 실체를 이중적으로 정의한다. 이런 이중적 정의에 따른다면 온전한 의미의 실체라는 점에서 신을 무한 실체라고 부를 수 있고, 정신이나 물체를 신에 의존하는 실체라는 의미에서 유한 실체라고 부를 수 있다.

그러나 기독교적 전통과 기계론적 세계관의 옹호라는 두 마리 토끼를 다 잡고자 했던 데카르트는 신이 무無에서 세계를 창조해 세계에 법칙을 부여한 후 세계를 초월해 있다는 이신론deism적 신관을 옹호하면서, 다른 한편으로는 신이 유한 실체에게 '도움을 주기 위해' 끊임없이 세계에 개입한다고 말한다. 이때 이신론에 따라 세계를 초월해 있는 신이 어떻게 세계에 개입할 수 있는지의 문제, 그리고 신의 그러한 개입은 신이 세계에 부여해놓은 자연 법칙과 어떤 관계에 있는지의 문제가 제기될 수 있다.

스피노자는 실체를 "그 자체로 존재하고 또한 자기 자신에 의해 파악되는 것, 다시 말해 그 개념을 형성하기 위해 또 다른 것의 개념을 필요로 하지 않는 것"(《에티카》, 제1부 정의 3)으로 정의한다. '그 자체로 존재한다는 것'은 다른 것에 의존하지 않고 자립적으로 존재함을 뜻하고, '자기 자신에 의해 파악된다는 것'은 바로 다음에 나오는 말에서 알 수 있듯 그 개념을 형성하기 위해 다른 어떤 것을 필요로 하지 않음을 뜻한다. 그러므로 스피노자가 실체를 다른 것에 의존하지 않는 자립적인 존재로 파악하고 있음을 알 수 있다. 이처럼 실체는 자립적인 존재이기 때문에 '유한한 실체'라는 말은 불합리한 개념이며, 오히려 물체와 정신은 실체에 의존하는 존재 방식이라는 의미에서 양태modus로 간주되어야 한다는 것이 스피노자의 분석이다. 또한 스피노자는 이런 의미의 실체가 신밖에 없다고 주장한다(《에티카》, 제1부 정리 14)는 점에서 데카르트에 동의한다. 이런 맥락에서 스피노자는 데카르트의 자립적인 존재라는 실체관을 일관되게 고수하고 있다고 할 수 있다.

그러나 신이 어떤 존재이며, 어떤 방식으로 세계에 개입하는지에 대해 스피노자는 데카르트와 커다란 입장 차이를 보인다. 데카르트의 이신론에 기반한 신은 전통 신학에서 주장하는 인격성이나 순수 정신성을 소유한 존재다. 그렇기 때문에 세계를 자신의 의지에 따라 창조할 수 있고 소멸하게 할 수도 있으며 필요할 때면 자신이 부여한 자연 법칙에서 벗어나는 방식으로 세계에 개입 —— 이를테면 기적 —— 할 수도 있다.

반면 스피노자는 신을 인격성이나 순수 정신성을 소유한 초월적 존재로 이해하지 않는다. 신의 인격성이나 순수 정신성은 신의 세계 창조를 신의 의지에 의한 우연적 사건으로 만들거나 자연에 대한 초법칙적 개입으로서의 기적을 주장하게 하는 근거로 활용되는데, 이는 세계뿐만 아니라 신의 작동 방식을 법칙적으로 이해하고자 한 스피노자에게는 납득할 수 없는 주장이었다.

이런 신관을 바탕으로 스피노자는 신이 철저하게 자연 법칙을 통해 세계에 개입하며, 이런 세계 개입 방식 때문에 신은 세계를 초월해 있는 원인이 아니라 내재적 원인일 수밖에 없다고 주장한다. 이런 내재적 원인으로서의 신에 대한 관점은 신이 자유 원인causa libera이라는 전통적 관념의 변형을 가져오는데, 왜냐하면 신의 인격성이 거부되면서 더 이상 우연의 관념을 함축하는 '자유 의지'에 의한 세계 개입은 정당성을 잃게 되기 때문이다.[55] 요컨대 스피노자는 자립적 존재로서의 실체라는 데카르트의 개념을 받아들여 신을 실체로 간주한 반면 정신과 물체는 그것에 의존하는 양태로 간주했으며, 정신과 물체로 이루어진 세계의 창조와 보존을 철저하게 자연 법칙에 의거해 설명하고자 했다.

(2) 정신과 신체의 관계 문제

데카르트는 무한 실체와 유한 실체를 구분한다. 그러나 신의 조력을 필요로 한다는 점을 도외시한다면 '존재하기 위해 다른 어떤 것도 필요로 하지 않는다'는 점에서, 적어도 원칙적으로 정신은 물체 없이도 존재할 수 있고 물체는 정신 없이도 존재할 수 있다. 이처럼 물체와 정신이 별개의 실체로 간주되기 때문에 자연스럽게 그 둘이 결합된 상태로 있는 존재들을 어떤 원리에 따라 어떻게 설명할 것인지의 문제가 제기된다. 가령 아메바 같은 경우는 생명체이긴 하지만 그것이 '생각한다'고 보기는 힘들기 때문에 물체의 원리에 따라 연구하면 될 것이다. 그러나 인간의 경우는 사정이 다르다. 인간은 명백히 정신과 육체 모두를 갖고 있는 것처럼 보이고, 게다가 내가 원해서 악수를 한다든지 손을 들어 올리는 경우에서 볼 수 있듯 정신의 의지에 의해 신체가 작동하는 것처럼 보인다. 이때 정신과 신체가 별개의 실체라는 주장(실체 이원론)이 참이라면 어떻게 하나의 정신 상태인 의지에 의해 신체 상태가 결정될 수 있는가라는 문제가 제기될 수 있다. 데카르트는 송과선이라는 두뇌의 부분이 이 둘 간의 소통을 가능하게 하는 장소라는 가설을 제시함으로써 정신과 신체 간의 매개 지점을 찾으려고 시도하지만 이에 대한 설득력 있는 근거는 제시하지 못한다.

스피노자는 '정신과 신체의 연합'이라는 데카르트의 발상이 그 자체로 혼동된 개념이라고 비판한다(《에티카》, 제5부 서문). 왜냐하면 동전의 앞면과 뒷면을 각각 따로 생각할 수 있다고 해서 동전의 앞과 뒤가 별개의 것이 아니듯이 인간이 정신과 신체라는 두 측면으로 파악된다고 해서 그 둘이 별개의 실재라고 말할 수는 없기 때문이다.[56] 이처럼 동일한 것이 상이한 방식으로 표현되거나 혹은 파악된 것이 인간이라고 했을 때, 일련의 정신적 사건과 일련의 신체적 사건은 항상 동시에 전개될 것이기 때문에 그 둘 사이의 '연합' 지점을 찾는 것 자체가 무의미해질 것이다. 이와 함께 정신과 신체 간의 인과적 상호 작용의 문제 역시 해소되는데, 정신과 신체의 인과 계열은 항상 동시에 진행되어서 하나가 다른 하나의 영향을 받지 않기 때문이다. 이처럼 정신적 인과 계열과 물체적 인과 계열이 서로 영향을 끼치지 않은 채 동시에 독립적인 인과 계열을 형성한다는 생각을 병행론parallelism이라고 부르는데, 스피노자는 이를 통해 데카르트가 직면한 정신과 신체의 관계 문제를 해결하려 했다고 볼 수 있다.

(3) 자유의 문제

정신과 신체의 관계 문제에 대한 그의 논의를 통해 알 수 있듯, 데카르트는 인간을 여타의 물체들과는 질적으로 다른 특별한 존재로 간주한다. 이는 일반적으로는 물체가 정신과는 별도의 원리에 따라 움직이기 때문이지만 좀 더 구체적으로 말하자면 생각이 드러나는 방식 중 하나인 의지가 지닌 절대성 때문이다. 데카르트는 의지를 일차적으로 우리가 감각하거나 추론한 내용에 대해 긍정하거나 부정하는 정신의 작용으로 이해한다. 여기서 주목할 것은 이런 긍정이나 부정의 작용을 '절대적인 선택' 능력으로 보고 있다는 점이다. 우선 '선택' 능력이라는 것은 내가 파악한 내용에 대해 긍정할 수도 있고 하지 않을 수도 있다는 의미를 지니며, '절대적'

이라는 것은 심지어 명백하게 참인 것으로 간주되는 내용에
대해서도 그것에 동의하지 않을 수 있음을 의미한다. 이런
절대적인 선택 능력으로서의 의지의 능력이 전형적으로 드
러나는 예가 바로《제1철학에 관한 성찰*Meditationes de Prima*
Philosophia》(이하《성찰》)에 쓰이는 회의의 방법이다. 여기서
데카르트는 명백하고 확실한 진리를 찾기 위해 이제까지 참
이라고 간주되는 것을 의심하는 일에 착수한다. 이 과정에서
우리의 감각 경험과 관련된 판단의 내용이 착각의 가능성이
있다는 이유로 의심할 수 있는 것으로 여겨질 뿐만 아니라,
심지어 경험과 무관하게 참이라는 게 알려질 수 있는 수학
적 진리 역시 우리의 믿음을 체계적으로 왜곡할 수 있는 '전
능한 기만자'가 있을 수 있다는 가설에 의거해 의심할 수 있
는 것으로 간주된다. 이처럼 데카르트에게 의지의 절대성은
일차적으로 감각하거나 추론한 내용에 대해 긍정하거나 부
정할 수 있는 절대적인 선택권을 우리가 갖고 있다는 의미로
이해된다.

　의지의 절대성은 정념의 문제와 관련하여 좀 더 선명하게
드러난다. 정념이란 어떤 대상을 목격하고 공포에 떨거나 누
군가를 떠올리며 증오할 때처럼 외부 대상에 대해 수동적
인 정서를 말한다. 이런 정념은 정신 상태를 산란하게 하거
나 동요시켜 우리에게 악영향을 끼칠 수 있기에 이를 통제할
필요가 있는데, 데카르트가 이를 위해 주목하는 정신의 능력

이 바로 의지다. 그는 심약한 사람이라 해도 훈련과 노력을 통해 모든 정념들을 완전히 통제할 수 있다(《정념론》, 제1부 50절)고 선언하면서 '의지의 절대성'을 강조한다.

그러나 스피노자는 절대적 선택 능력으로서의 의지가 있다는 주장을 거부할 뿐만 아니라 의지가 정념에 대해 절대적 통제권을 행사할 수 있다는 주장 역시 받아들이지 않는다. 첫 번째 논점인 절대적 선택 능력으로서의 의지의 거부는 다시 선택 의지의 '절대성'에 대한 비판과 '선택' 의지 자체에 대한 비판으로 나누어서 볼 수 있다. 스피노자는 결과가 있으면 원인이 있으며, 원인이 있으면 결과가 반드시 따라나온다는 것을 자명한 공리(《에티카》, 제1부 공리 3)로 간주하는 인과적 결정론자이며, 따라서 흔히 자유 의지라고 불리는 선택 의지는 성립할 수 없다. 왜냐하면 선택 의지라는 것은 '내가 선택지 중에서 다른 것을 선택할 수도 있었음'을 의미하는데, 원인이 주어지면 결과가 반드시 따라나올 수밖에 없기 때문에 그런 선택의 여지란 없기 때문이다. 내가 자유롭게 선택했다는 생각은 오히려 선행하는 원인이 무엇인지 모르는 상태에서 내가 원하던 것이 이루어졌기 때문에 나중에 그렇게 판단한 것에 불과하다는 게 스피노자의 선택 의지에 대한 비판의 요지다.

한편 선택 의지의 '절대성'에 대한 비판은, 앞선 비판을 전제하면서도, 지성과 의지의 관계라는 또 다른 문맥 속에서 이루어진다. 앞에서 선택 의지의 절대성이란 '심지어 명백하게 참인 것으로 간주되는 내용에 대해서도 동의하지 않을 수 있음을 의미'하며, 이의 전형적인 예가 《성찰》에 나오는 수학적 진리에 대한 의심이라는 점을 지적했다. 데카르트의 이런 주장에 대해 스피노자는 명백하게 참인 것으로 간주되는 내용에 대해서는, 삼각형의 세 각의 합이 이직각과 같다는 것을 반드시 긍정할 수밖에 없듯이, 동의하지 않을 수 없다고 주장한다(《에티카》, 제2부 정리 49 증명). 그런데도 그런 의심을 계속한다면 그 내용을 제대로 이해하지 못한 것이거나 혹은 자신이 이해한 내용과 그것에 대한 긍정이나 부정을 철저히 분리해서 사고하는 이상한 경향이 있기 때문이라는 것이 스피노자의 진단이다(《에티카》, 제2부 정리 49 따름정리). 요컨대 자신이 참이라고 지각한 것을 긍정하지 않는다는 의미에서의 선택 의지의 절대성은 데카르트가 말하듯이 인간의 위대성을 나타내는 징표라기보다는 지성의 빈곤에 의한 확신의 부재를 나타내는 심리 상태라고 할 수 있다는 것이다.

또한 의지가 정념을 통제할 수 있는 능력이라는 데카르트의 주장에 대해 스피노자는 그의 의지 개념의 허구성에 초점을 맞춰 비판을 가한다. 데카르트는 의지를 긍정하거나 부정하는 능력뿐만 아니라 신체를 움직일 수 있는 정신의 능력으로 정의하며, 의지를 통해 가령 누군가를 때리려고 하는 나의 분노를 억제하는 것이 가능하다고 보고 있다. 그러나 데카르트의 이런 주장은 정신과 신체의 상호 연관에 대해 적절한 설명을 하지 못하고 있을 뿐만 아니라 오히려 앞서 언급한 병행론에 의거하면 정신은 신체로 하여금 운동하게 할 수 없고 신체는 정신으로 하여금 사유하게 할 수 없기 때문에 이런 의지 개념 자체가 성립할 수 없으며, 따라서 이에 근거한 정념의 통제 역시 성립할 수 없다. 스피노자는 데카르트에 대한 이런 비판을 통해 '보다 강한 정서'를 통한 정념의 극복이라는 대안적 전략을 채택하게 된다. 즉 의지만으로는 정념을 제어할 수 없으며, 그것보다 더 강한 정서에 의해 정념이 극복되어야 한다는 것이다. 그는 더 강한 정서에 의해 수동적인 정서인 정념을 제어할 수 있는 길을 다음처럼 제시한다(《에티카》, 제5부 정리 20의 주석).

① 정서의 인식 자체에서(제5부 정리 4)
② 우리가 혼란스럽게 상상하는 외적 원인의 사유에서 정서를 분리시킴으로써(제5부 정리 2와 정리 4의 주석)
③ 우리가 인식하는 것과 관련된 정서가 혼란스럽게 혹은 파편화된 방식으로 우리가 파악하는 것과 관련된 정서를 압도할 때(제5부 정리 7)
④ 공통된 특성 혹은 신과 관련된 정서를 고무하는 원인의 다수성에서(제5부 정리 9와 정리 11)
⑤ 정신이 정서를 배열하고 또한 그것을 서로 연관시키

는 질서 속에서(제5부 정리 10과 덧붙여서 정리 12, 13, 14)

①은 어떤 정서의 원인에 대해 명확하게 인식함으로써 그것이 억제될 수 있다는 주장이다. 정서에 대한 이런 명확한 인식의 전형적인 예를 같은 부의 정리 6에 대한 증명에서 찾을 수 있다. 거기서 스피노자는 "정신은 모든 것을 필연적인 것으로 인식하는 한에서 정서에 대해 더 큰 힘을 갖거나 정서의 작용을 덜 받는다"고 주장하면서, 아직 다 자라지 못한 어린아이가 말을 잘 못하거나 잘 걷지 못한다고 해서 우리가 그 아이를 불쌍히 여기지는 않는다는 것을 예로 든다. 즉 어떤 정서를 일으키는 대상이 그럴 수밖에 없다는 것을 알게 된다면 그것에 의해 정신이 영향을 덜 받게 된다는 것이다.

②는 외부 원인을 동반하는 수동적 정서, 특히 수동적인 사랑이나 증오 등에서 벗어나는 길을 제시한다. 즉 증오는 '외부 원인의 관념을 동반하는 슬픔'(《에티카》, 제3부 정서의 총괄적 정의 7)으로 정의되기에, 외부 원인이 무엇인지를 명확히 인식하고 나서 그것에 대한 관념을 그 정서와 분리시킨다면(이런 분리의 근거는 앞서 말한 정서의 원인을 필연적으로 이해하는 것이다) 그 증오는 사라질 수 있다는 것이 스피노자의 논지다. 가령 내가 미워하는 사람의 행위가 불가피한 것이었음을 인식하게 된다면 그에 대한 증오와 관념을 분리시킬 수 있을 것이다.

③에서 스피노자는 필연적인 것에 대한 인식에서 오는 정서는 가능한 것이나 우연적인 것에 대한 인식에서 오는 정서보다 더 강하기 때문에 정념을 제어할 수 있다고 주장한다. 가령 상대방에 대한 정보가 부족한 상태에서 상대방이 만만치 않다는 소문을 들은 운동선수는 시합을 앞두고 질지도 모른다는 불안감에 휩싸이겠지만 상대방의 실력이 보잘것없다는 믿을 만한 정보가 알려지면 자신이 반드시 승리할 것이라는 확신에 근거해 불안감은 사라지고 안도감이 그것을 대체할 것이다.

④에서 스피노자는 어떤 정서가 다수의 원인에 대한 고찰과 관련해서 생길 때 그 정서는 우리에게 덜 해롭다고 주장하고 있다. 다시 말해 그는 다양한 원인들에 대한 고찰이라는 바로 그 사실이 정신의 능동성을 반영하며, 따라서 그런 인식과 관련해서 생긴 정서는 우리에게 덜 해롭다고 주장하고 있다(《에티카》, 제5부 정리 9와 증명). 수학의 증명이나 자연의 법칙 및 자연 현상들의 연관 관계 등에 대한 이해에서 오는 지적 기쁨 등이 이의 전형적인 예가 될 수 있다.

⑤는 특정한 정념의 극복 방법을 말하기보다는 정념이 극복될 수 있는 일반적인 가능성의 조건에 대해 언급하고 있다. 따라서 스피노자가 참조하는 제5부 정리 10에 대해 좀 더 상세한 논의가 필요하다. 스피노자는 거기서 다음처럼 말한다.

우리는 우리의 본성과 대립되는 정서에 압도되지 않는 한에서는 지성과 일치하는 질서에 따라 신체의 상태에 질서를 부여하고 그것을 연결하는 힘을 갖는다.

이 정리에 대한 증명에서 '우리의 본성과 대립되는 정서'는 '악한(나쁜) 정서'와 동일한 것으로 규정되고 있고, 또 '지성과 일치하는 질서에 따라 신체의 상태에 질서를 부여한다'는 구절은 사물을 인식하려고 노력하는 정신의 힘에 따라 신체 상태에 대한 명석판명한 관념을 형성하고 추론하는 것과 동일시되고 있다. 스피노자에게 '악한(나쁜) 정서'란 '우리의 활동하는 힘을 감소시키거나 억제하는 것'(《에티카》, 제3부 정리 30의 증명), 곧 슬픔이라는 사실을 염두에 둘 때, 위의 주장은 우리가 슬픔에 의해 지배되지 않는 한 정신의 힘에 따라 신체 상태에 대한 명석판명한 관념을 형성할 수 있지만 그렇지 않을 경우 정신의 인식하는 힘이 방해받는다는 의미로 이해할 수 있다(《에티카》, 제5부 정리 10의 증명).[57]

정념에서 벗어나기 위한 이상의 다섯 가지 길을 토대로 정념에 대한 스피노자의 치유책을 정리하면 다음과 같다. 정서는 능동 정서와 수동 정서로 나누어진다. 기쁨과 그것에서 파생되는 정서들의 경우, 외부 대상에 집착하는 수동적인 것일 수도 있고 능동적인 것일 수도 있다. 만약 수동적인 기쁨과 그것으로부터 파생되는 정서들에 대한 명석판명한 인식이 있다면 동일한 정서가 능동 정서로 전환될 수 있다. 반면 슬픔과 그것으로부터 파생되는 정서들은 수동적일 수밖에 없기에 그것에 대한 명석판명한 인식을 갖게 될 때 사라지고 이성을 통해 생겨나는 정서가 그것을 대체하게 된다.

이제까지 다룬 세 문제는 《에티카》 전체를 관통하는 핵심 주제라고 할 수 있는데 제1부에서는 실체의 문제가 논의되고, 제2부에서는 정신과 신체의 관계 문제가, 정념과 그것으로부터의 자유의 문제는 제3, 4부와 특히 5부에서 논의되고 있다. 여기서 주목할 것은 외부 원인의 영향에 항상 노출되어 있는 인간에게 자유는 외적 강제(정념)로부터의 자유라는 맥락에서 제기되며, 이런 자유를 가능케 하는 것은 지성의 이해 능력을 통해 산출되는 능동적 정서라는 점이다. 스피노자의 이런 주장은 자연의 일부인 각각의 인간이 외부 대상과 맺는 다양한 관계에 대한 이해를 통해 능동성을 어떻게 확보할 수 있는지의 문제와 연관된다는 점에서 '윤리적'인 성격을 띤다. 결론적으로 자유 의지를 통해 인간을 자연과 분리시킴으로써 인간을 특권화하려고 했던 데카르트와 달리 스피노자는 자연의 일부인 인간이 자연에 대한 이해를 통해 외적 강제에서 벗어나는 자유를 추구했다는 점에서 새로운 방식으로 자연과 자유의 통일을 꾀했다고 볼 수 있다.

2. 《에티카》는 무엇을 주장하고 있는가

(1) 신은 인격적 존재가 아니다 — 목적론과 의인론적 신
    관에 대한 비판

정도의 차이는 있지만 신을 인간과 유사하게 지성, 의지,
정서를 지닌 인격적 존재로 파악하는 의인론적 신관anthropo-
morphic conception of God을 서양의 여러 문헌에서 어렵지 않
게 발견할 수 있다. 그리스 신화에서는 인간과 온갖 정서를
교류하는 신들의 모습을 볼 수 있으며, 성서에서는 인간을
사랑할 뿐만 아니라 인간에게 분노하는 신의 모습이 묘사되
고 있다.

스피노자는 《에티카》, 제1부 부록에서 이런 의인론적 신
관의 뿌리가 되는 편견이 목적론이라고 지적하면서, 왜 대다
수의 사람들이 이것을 자연스럽게 받아들이게 되었고 그것
이 왜 허구적이며 그것을 통해 또 다른 편견들이 어떻게 발
생되는지를 논하고 있다.

먼저 왜 대다수의 사람들이 목적론에 만족해하고 그것을
자연스럽게 받아들이는 경향이 있는지에 대해 그는 "자유 의
지의 가상과 유용성에 따른 행동 때문에"라고 답한다. 우리
는 흔히 우리의 의지와 욕구를 의식하지만 그런 의지와 욕구
를 불러일으키는 원인들을 알지 못하기 때문에 그것이 자신
의 자유로운 선택에 의한 것이라고 믿는 경향이 있다. 가령

목이 말라 자동판매기에서 주스를 뽑아 먹는다고 할 때, 주스를 먹고 싶다는 자신의 욕구를 의식하지만 그것을 불러일으키는 원인을 알지 못하기 때문에 자신이 주스를 자유롭게 선택해서 먹었다고 생각한다. 그러나 스피노자에 따르면 이는 자유로운 선택에 의한 것이기는커녕 또 다른 욕구(가령 탄산음료에 대한 욕구)보다 주스에 대한 욕구가 더 강했기 때문에 이루어진 행동일 뿐이며, 여러 음료수 중에서 주스를 자유롭게 골라서 먹었다는 생각은 이후에 자신이 꾸며낸 가상에 불과하다. 더욱이 사람들은 대부분 자신들에게 유용한 것을 하려고 하고 그 유용한 것이 그들 행위의 최종 상태로 여겨지는 까닭에 자연스럽게 그것을 목적인[58]으로 생각하게 되었다. 가령 자격시험에 합격하는 것이 자신에게 유용한 길이라고 생각하는 사람에게는 시험의 합격이 그의 목적인이 될 것이고, 돈을 많이 버는 것이 자신에게 유익하다고 생각하는 사람에게는 많은 돈이 그의 목적인이 될 것이다.

스피노자는 이런 목적인의 설정이 자연의 도구화로 이어진다고 보았다. 즉 사람이 자신의 안과 밖에서 자신에게 유용한 것을 얻는 데 공헌하는 수많은 것, 가령 "보기 위한 눈, 씹기 위한 치아, 영양분을 공급하기 위한 식물과 동물, 빛을 비추기 위한 태양, 물고기에게 양분을 주는 바다 등을 발견하고, 이로부터 그들이 모든 자연물들을 자신들의 유용성을 위한 수단으로 간주하는 일이 일어난"(이 책 17쪽) 것이다. 더 나아가 사람들은 자연의 도구화에 만족하지 않고 이를 신학적으로 정당화하는 일에 착수하는데, 이를 위한 이데올로기로 기능하는 것이 신과 관련한 목적론이다.

이는 한마디로 신이 인간을 이롭게 하기 위해 만물을 창조하고 또한 보존한다는 주장이라고 할 수 있겠는데, 스피노자는 이런 목적론에 이르는 과정을 다음처럼 설명하고 있다. 먼저 인간에게 유용한 수단들을 생산하는 생산자로서의 신이 있다. 이런 신의 본성에 대해 사람들은 아는 바가 없기 때문에 자신이나 다른 사람들에 빗대어 신에게 어떤 성질들을 부여하려고 하며, 이 과정에서 신에게 자유 의지와 목적을 귀속시키게 된다. 이렇게 자유 의지, 목적, 정서 등을 갖추었다고 여겨지는 신은 사람들의 공경에는 보답하고 불경에는 응징하는 인격적 존재로 간주된다. 그러나 악한 자에게만 내리는 것으로 간주되는 질병이나 자연재해 등이 불경건한 자뿐만 아니라 경건한 자에게도 일어나는 것을 너무나 자주 목격하게 되자, 목적론의 주창자들은 인간이 신의 판단을 원천적으로 헤아릴 길이 없다는 입장으로 후퇴하게 된다. 이런 논의를 통해 스피노자는 자연 안에 있는 목적이란 없으며 모든 목적인은 인간이 꾸며낸 허구에 불과하다는 결론을 이끌어낸다.[59]

스피노자는 부록의 두 번째 부분에서 이런 목적론의 허구성에 대해 좀 더 구체적인 근거를 들어 신랄한 비판을 가한다. 그는 이런 비판의 세 가지 근거로 제1부의 정리들(정리 16과 32의 따름정리), 자연 질서의 전도, 신의 완전성 파괴 등을 제시하는데, 부록에는 첫 번째 근거에 대한 명시적인 논의가 없기 때문에 두 번째와 세 번째 근거를 중심으로 스피노자의 논의를 정리하겠다.

먼저 스피노자가 여기서 표적으로 삼고 있는 것이 아리스토텔레스적인 목적론이라는 점에 주의해야 한다. 아리스토텔레스에 따르면 어떤 것을 인식한다는 것은 그것의 원인을 인식하는 것이요, 이 원인은 형상인, 질료인, 운동인, 목적인의 네 종류로 나눌 수 있다. 목적인은 왜 산책을 하는가라는 물음에 대해 '건강을 위해서'라고 답할 때처럼 어떤 행위를 설명하기 위해 도입되기도 하고, 왜 던진 돌이 땅으로 떨어졌는가라는 물음에 대해 '돌의 구성 요소인 흙이 본성적으로 지구 중심부로 향하는 경향이 있기에 이런 경향을 실현하기 위해서'라고 답할 때처럼 어떤 사건을 설명하기 위해 도입되기도 한다. 이 두 가지 예에서 공통적으로 이끌어낼 수 있는 것은 산책의 목적인 건강이나 돌의 낙하의 목적인 지구 중심부를 향해 운동함 모두 행위와 운동이 도달하게 되는 최종 상태라는 점이다. 그러나 목적인을 이처럼 이해하고 자연현상을 설명하게 되면 '건강의 유지'라든가 '지구 중심부로 향해 나감'이라는 미래의 상태가 현재 상태의 원인이라는 이상한 결론에 이르게 된다. 다시 말해 흔히 시간상 원인은 결과에 앞서는 것으로 여겨짐에도 아직 오지 않은 미래의 상태가 현재 상태의 원인이 되는 일이 발생하게 되는 것이다. 이런 원인과 결과의 순서 바꿈과 미신적 태도가 연결되어 얼마나 불합리한 결과를 낳는지를 스피노자는 하나의 예를 통해 생생하게 보여준다(이 책 21~22쪽). 가령 돌 하나가 지붕에서 누군가의 머리 위로 떨어져서 그를 죽게 만들었다고 할 때 목적론적 설명에 따르면 돌이 사람을 죽이기 위해서 떨어졌다고 해야 한다. 그러나 돌은 생각이나 의지가 없다는 것이 명백하기 때문에 목적론의 주창자들은 정신을 갖고 있는 또 다른 존재와 이런 사건을 연관시켜야 하며, 궁극적으로는 초자연적인 존재인 신의 의지에 의거해 이런 사건을 설명하게 된다. 이런 사고방식은 특정 자연재해나 질병, 사고 등을 그것과 관련된 피해자들에 대한 신의 심판 및 처벌과 연결시키는 불합리한 태도로 이어지게 된다.[60]

마지막으로 스피노자는 신의 완전성을 훼손시킨다는 이유로 목적론을 비판한다. 전통적으로 신은 부족한 것 없이 모든 것을 갖추고 있다는 의미에서 가장 완전한 존재로 여겨져왔다. 그러나 신이 목적 때문에 행동한다면 허기를 달래기 위해 식사하는 사람이 먹을거리를 필요로 하는 것처럼 자신이 결여한 어떤 것을 필요로 한다고 보아야 하기 때문에 결과적으로 신이 가장 완전하다는 사실을 부정하게 된다. 그러므로 신의 완전성을 보존하려면 신에게서 목적인을 인정해

선 안 된다는 것이 스피노자의 논지다.[61]

이처럼 스피노자는 목적론의 허구성을 보여준 다음 이런 편견으로부터 선과 악이나 미와 추에 대한 또 다른 편견들이 어떻게 발생하는지 보여준다. 우리는 사람들의 행위에 대해서뿐만 아니라 심지어 여타의 생물에 대해서까지도 선과 악이라는 용어를 사용하곤 해서, 어려울 때 자신을 도와준 사람에 대해 선하다고 말하거나 맹인을 인도하는 개를 보고 착하다고 말한다. 게다가 사람의 경우는 자유 의지를 갖고 있다고 여겨지는 까닭에 자신을 도와준 사람에 대해 칭찬을 하는 반면 그렇지 않은 사람에 대해서는 비난을 하기도 한다.

그러나 스피노자는 선과 악에 대한 이런 식의 가치 판단이 객관적인 기준에 근거한 것이 아니라 직간접적으로 자신에게 기쁨을 가져다준 것에 대한 인식일 뿐이라고 주장한다.[62] 따라서 나에게 선하다고 판단되는 것이 남에게는 악한 것으로 평가될 수 있으며 그 반대의 경우도 성립할 수 있는 것이다. 이 같은 선과 악의 상대성은 미와 추에도 적용된다. 사람들은 흔히 자기 눈을 즐겁게 하는 것을 아름답다고 말하고 생소하고 눈에 거슬리는 것을 추하다고 말한다. 그렇기 때문에 심지어 같은 예술 작품에 대해서도 사람마다 다른 평가를 내리곤 한다. 이런 논의를 통해 스피노자는 선과 악, 미와 추, 질서와 혼란 등의 개념들이 사물 안에 내재해 있는 성질이 아니라 그것을 떠올리는 사람의 머릿속에서만 존재한다는 의미에서 "상상의 존재"라고 결론 내린다.

스피노자는 마지막으로 전통 신학적인 두 물음에 대해 나름의 답변을 내놓으면서 부록을 끝마치고 있다. 먼저 그는 "자연 안의 그렇게 많은 불완전한 것들", "다시 말해 내내 악취를 풍길 정도의 사물들의 부패나 혐오, 혼란, 악, 죄 등을 불러일으키는 사물들의 추함은 어디서 비롯하는가"(이 책 26쪽)라는 질문에 대해 "사물들의 완전성은 그것의 본성과 역량에 의해서만 평가되어야"(이 책 26쪽) 한다고 대답함으로써 문제 자체를 해소한다. 다시 말해 그런 현상들은 인간의 감각 기관에 거슬리기에 불완전하다고 여겨질 뿐이지 그 자체로 불완전하다고 할 수 없으며 오히려 완전성의 기준은 사물이 가진 자기 보존의 힘에서 찾아야 한다고 스피노자는 보고 있는 것이다. 또한 스피노자는 "왜 신은 모든 사람들을 이성의 가르침에 의해서만 행동하도록 창조하지 않았는가" (이 책 26쪽)라는 두 번째 물음에 대해 "자연의 법칙들 자체는 무한 지성에 의해 파악될 수 있는 모든 것을 생산하기에 충분할 만큼 풍부하기 때문"(이 책 27쪽)이라고 대답한다. 이는 이성뿐만 아니라 정서나 욕구 역시 자연의 충만한 힘을 표현하는 것이기에 그 자체로 평가 절하될 수 없다는 사실을 지적함으로써 다시 한번 문제 자체를 해소하는 것이라고 할 수 있겠다.[63]

(2) 우리는 아는 만큼 긍정하고 긍정하는 만큼 안다 — 데
　 카르트의 의지론 비판

철학사에서 스피노자는 데카르트, 라이프니츠G. W. Leibniz
등과 함께 인식에서 경험보다는 이성의 역할을 강조하는 합
리론자로 분류되고 있지만 자신의 독창적인 사상과 체계를
제시했던 라이프니츠와 달리 흔히 데카르트 철학의 아류 정
도로 낮게 평가되고 있다. 그러나 세간의 이런 인식이 얼마
나 피상적인 것인가를 《에티카》 도처에서 발견할 수 있는데,
특히 제2부 정리 49의 따름정리와 증명 및 주석에 담긴, 데
카르트의 의지론에 대한 스피노자의 비판은 양자의 차이점
을 분명하게 드러내준다.[64]

ㄱ. 데카르트의 오류에 대한 설명 비판

스피노자는 지성과 의지의 동일성 논제[65]에 근거해 데카
르트의 오류에 대한 설명을 비판한다. 데카르트에 따르면 정
신의 본질은 '생각한다'는 것이고, 이런 '생각'은 다시 지성
과 의지로 나누어진다. 지성이란 이해력, 상상력, 기억력, 감
각 등을 통해 어떤 것을 포착하는 인식 능력을 의미하며, 의
지는 이처럼 다양한 방식으로 포착되는 내용을 긍정하거나
부정하는 능력과 의욕 등을 포함하는 선택 능력을 의미한다.
제4성찰에서 데카르트는 이 같은 지성과 의지가 결합되어야
판단이 가능하며, 특히 이 과정에서 자신이 아는 범위를 넘

어서는 무엇인가에 대해 긍정하거나 부정하게 될 때 오류를 범하게 된다고 주장한다. 요컨대 데카르트는 우리가 잘 알지 못하는 것을 의지에 의해 성급하게 긍정하거나 부정함으로써 오류가 일어난다고 보았던 것이다.

　데카르트의 이런 주장은 오류를 피하려면 속단하지 말라는 일상인의 상식에 부합해 보이며, 더욱이 '날개 달린 말'이 존재한다는 것을 긍정하지 않고서도 머릿속으로 그것을 떠올릴 수 있다는 사실로 미루어볼 때 설득력이 있어 보이기도 한다. 그러나 스피노자는 일견 설득력 있어 보이는 이런 오류에 대한 설명 방식을 지성과 의지의 동일성 논제에 입각해 비판하고 있다. 우선 스피노자에 따르면 지성과 의지는 판단 속에서 서로 분리될 수 있는 별개의 능력이 아니다. '삼각형의 내각의 합은 이직각이다'와 같은 판단에서 볼 수 있듯이 지성을 통해 삼각형이 어떤 성질의 도형인지 명백하게 안다면 의지를 통해 내각의 합이 이직각이라는 것을 긍정하지 않을 수 없기 때문이다. 지성과 의지의 동일성 논제의 반대 사례처럼 보이는 '말이 날개를 갖고 있다'는 판단의 경우에도 사정은 마찬가지다. '날개 달린 말을 지각한다는 것은 말에 대해 날개들을 긍정하는 것'이기에 이 경우에도 지성을 통해 파악된 내용과 그것을 긍정하는 의지가 분리되어 있다고 볼 수 없다. 그러나 이런 판단은 말의 본성에 대해 충분히 인식하지 못하고 있기에 '말'의 관념과 '날개'의 관념을 결합시키는 경우에만 가능하다고 스피노자는 보고 있다. 그렇기 때문에 말이 본성상 날개를 가질 수 없음을 알게 된 사람은 그런 판단을 하지 않을 것이며, 적어도 확신에 찬 상태에서 그런 판단을 내리지는 않을 것이다.

이처럼 스피노자는 어떤 것에 대해 충분히 파악하지 못하는 인식의 결핍으로부터 오류가 발생한다고 설명하고 있다. 여기서 주목할 것은 어떤 판단에 대해 의심하지 않는다는 사실이 확실성을 보장해주지는 않는다는 것인데, 왜냐하면 말의 본성에 대해 잘 모르는 사람이 '말이 날개를 갖고 있다'는 자신의 판단에 대해 전혀 의심하지 않는 것이 가능하기 때문이다. 따라서 스피노자는 확실성을 데카르트처럼 의심의 부재라는 소극적인 방식으로 이해하지 않고 참된 관념에 반드시 내재하는 특징으로서 참된 관념에 대한 절대적 긍정으로 보고 있다. 그렇기 때문에 어떤 것이 참된 관념이라면 그것은 확실하며 어떤 관념이 확실하지 않다면 그것은 참된 관념이 아니라고 할 수 있다.[66]

결론적으로 의지를 통한 성급한 긍정이나 부정이 오류의 원인이라는 데카르트의 주장에 대해 스피노자는 의지를 통한 성급한 긍정이나 부정 자체가 지성의 빈곤, 다시 말해 부적합한 인식에서 오는 인식의 결핍을 나타내는 것이라고 설명함으로써 데카르트의 오류에 대한 설명을 수정하고 있다.

ㄴ. 관념, 사물의 상, 개념의 구분

스피노자는 본격적인 논의에 앞서 몇 가지 주의 사항을 환기한다. 이런 사항들에 주목하지 않을 때 정신이란 무엇이고 그것이 어디서 유래하는지에 대해 부적합한 인식에 빠지게 된다는 것을 지적하고 있다는 점에서 스피노자의 이 논의는 제2부 전체의 요점을 간접적으로 요약해주고 있다.

먼저 스피노자는 관념과 외부 사물의 상을 혼동하지 말라는 주의를 준다. 우리는 흔히 '이 책상'이나 '저 사과' 등과 같이 우리 바깥에 있는 대상에 대한 관념을 갖기 때문에 우리의 관념이 외부 대상에서 유래하는 사물의 상이라고 생각하는 경향이 있으며, 그래서 '유니콘'과 같이 우리가 가진 관념에 상응하는 대상이 우리 바깥에 없을 때 그것이 허구적인 것이라고 단정하곤 한다. 이는 우리가 가진 관념이 외부 대상에 대한 감각에서 유래하며 그렇기 때문에 우리가 외부 대상을 일방적으로 받아들인다는 잘못된 인식으로 이어지는데, "관념들을 이를테면 화판 속에서 침묵하고 있는 그림들로 간주"(이 책 29쪽)하는 편견은 바로 이것을 말한다.

스피노자는 이어 관념과 말을 혼동하지 말라는 주의를 준다. 여러 개의 사과를 가리키기 위해서 '사과'라는 일반 명사를 사용하기 때문에 이 사과와 '사과'라는 일반 명사를 혼동하는 경우가 이에 해당한다고 할 수 있다. 이런 혼동은 우리의 관념이 외부 사물의 상이라는 편견에, 이 외부 대상에 대한 상을 다시 그것을 나타내기 위해 사용하는 언어적 기호와 동일시하는 편견이 덧붙여져 발생한 것이라고 할 수 있다.

관념과 말의 혼동이나 사물의 상과 관념의 혼동을 비판하는 근거로 스피노자가 제시하는 것이 바로 관념의 능동성과 병행론이다. 스피노자는 기존에 쓰이던 지각이라는 말이 갖고 있는 수동적인 어감 때문에 관념을 정신의 개념으로 새롭게 정의한다(《에티카》, 제2부 정의 3과 그 주석). 이는 기하학이나 수학의 명제에 대한 파악이 감각의 도움 없이 지성의 추론을 통해 이루어진다는 점을 염두에 두면 어렵지 않게 이해할 수 있다. 그러나 지성의 능동성에 대한 이런 강조는, 데카르트처럼 신체와 정신을 완전히 별개의 것으로 분리시키는 이원론을 함축하거나 전제하지 않는데, 왜냐하면 스피노자에 의해 정신은 신체의 관념으로 규정되고 있기 때문이다. 여기서 '정신이 신체의 관념'(《에티카》, 제2부 정리 13과 정리 19의 증명)이란 주장은 정신의 특정 상태에 신체의 특정 상태가 상응하며 그 역도 성립한다는 의미를 일차적으로 갖는다(병행론). 따라서 지성의 능력을 신체와 무관한 것으로 보았던 데카르트와 달리 스피노자는 지성의 능동성 역시 신체의 능동성에 상응하며 그 역도 성립한다고 보았다. 이런 맥락에서 자신이 "감각한 것에 반해서 어떤 것을 단지 언어적으로만 긍정하거나 부정할 때, 감각한 것에 반해서 스스로 의지할 수 있다고 생각"(이 책 29쪽)하는 사람들은 위험한 상황에

처해 가슴이 두근거리고 식은땀이 나면서도 "나는 괜찮다"고 말하는 사람처럼 자신을 기만하는 사람이라고 할 수 있다.

병행론의 또 다른 핵심 주장은 정신과 신체가 서로에 대해 인과적으로 영향을 끼칠 수 없으며, 그래서 신체는 정신으로 하여금 사유하게 할 수 없고 정신은 신체로 하여금 운동하게 할 수 없다는 것이다(《에티카》, 제3부 정리 2). 이 점을 염두에 두면서 스피노자는 앞서 언급한 두 가지 혼동의 뿌리가 신체의 인과 계열과 정신의 인과 계열의 혼동에 있다고 분석하고 있다. 즉 관념은 정신의 질서에 속하는 것이고, 사물의 상이나 말은 신체의 질서에 속하는 것인데도[67] 이 둘을 혼동함으로써 정신의 본성과 기원에 대해 잘못 파악하게 되었다는 것이다.

ㄷ. 가능한 반론과 그것에 대한 논박

스피노자는 의지와 지성이 동일한 것이라는 자신의 주장에 제기될 법한 네 가지 반론들을 소개하고 그것에 대해 조목조목 비판을 가한다.

의지와 지성의 동일성 논제에 대한 가능한 첫 번째 반론은 데카르트의 것으로 '의지의 무한성에 기반한 논변'인데, 이는 다음처럼 재구성할 수 있다. 지성과 의지가 동일한 것이라면 같은 성질을 공유해야 한다. 그런데 지성은 유한한 반면 의지는 무한하게 확장될 수 있다. 따라서 지성과 의지는 동일한 것이 아니다.

스피노자는 우선 지각하는 능력과 의지하는 능력 전체를 놓고 볼 때 판단 속에서 의지가 지성보다 더 멀리 확장될 수 있다는 주장을 거부하는데, 왜냐하면 지각하는 만큼 긍정하거나 부정하고, 긍정하거나 부정하는 만큼 지각한다는 점에서 지성과 의지는 뗄 수 없을 정도로 연관되어 있기 때문이다. 또한 이런 맥락에서 스피노자는 의지뿐만 아니라 지성도 무한히 많은 것들을 시간적으로 연달아 파악할 수 있다는 의미에서 무한하다고 말할 수 있다고 주장함으로써 '의지의 무한성에 기반한 논변'을 논박하고 있다.

두 번째 가능한 반론 역시 데카르트의 주장에 근거한 것(《철학의 원리》, 제1부 3항 33항 ;《성찰》, 제2부 참조)으로 다음처럼 재구성할 수 있다. 지성과 의지가 동일하다면 같은 성질을 공유해야 하는데 판단을 유보하는 경우에서 볼 수 있듯 동의하는 능력으로서의 의지는 자유로운 반면 이해하는 능력으로서의 지성은 그렇지 못하기 때문에 지성과 의지는 동일한 것이라고 할 수 없다.

이런 주장에 대해 스피노자는 "누군가가 어떤 판단을 유보한다고 말할 때, 그것은 바로 그가 스스로 사물을 적합하게 지각하지 못함을 안다고 말하는 것이"(이 책 33쪽)며, "따라서 판단의 유보는 실제로는 지각이지 자유 의지가 아니다"(이 책 33쪽)라고 반론을 가한다. 다시 말해 판단 유보는 자유 의지에 의해 이루어지는 것이 아니라 불충분한 인식에 의해 이루어진다는 것이다. 이 지점에서 데카르트와 스피노자의 차이가 극명하게 드러나는데, 데카르트는 인간과 신의 유사성을 자유 의지에서 찾을 만큼[68] 그것에 특권을 부여하지만 스피노자는 자유 의지의 특권을 거부할 뿐만 아니라 제1부 부록에서 명시적으로 보았듯이 그것을 가상의 영역으로 추방하고 있기 때문이다.

스피노자가 세 번째로 검토하는 반론 역시 데카르트의 주장에 기반한 것(《성찰》, 제4부 참조)인데 다음처럼 요약할 수 있다. 지성과 의지가 동일하다면 같은 성질을 공유해야 한다. 그런데 의지와 관련된 긍정하는 작용은 다른 것보다 더 많은 실재성을 포함하지 않는 것처럼 보이는 반면 지성과 관련된 하나의 관념(가령 신의 관념)은 다른 것(가령 인간의 관념)보다 더 많은 실재성이나 완전성을 소유한 것처럼 보인다. 따라서 지성과 의지는 동일한 것이 아니다.

스피노자는 이 논증의 핵심이라고 할 수 있는 두 번째 전제를 논박한다. 즉 지성의 관념과 달리 의지는 긍정하거나 부정하는 능력이라는 점에서 서로 똑같은 것처럼 보이지만 실은 그렇지 않다는 것이다. 가령 스피노자도 지적하듯이 참된 것을 참된 것으로 긍정하는 경우와 거짓된 것을 참된 것으로 긍정하는 경우가 있다고 할 때, 이 반론에 따르면 두 경우에 의지 능력의 차이는 없다고 해야 한다. 그러나 이는 우리의 상식에 부합하지 않을 뿐만 아니라(지적인 노력이 들어간 판단과 그렇지 않은 판단이 단지 무언가를 긍정한다는 점에서 똑같다고 볼 수 있는가) 좀 더 근본적으로 봤을 때 의지를 추상적으로 파악하는 우를 범하는 것이다.[69]

마지막으로 스피노자가 검토하는 반론은 이른바 '뷰리당의 암나귀'라는 가설적 상황을 패러디한 것이다. 만약 한 사람이 갈증과 배고픔, 그리고 그에게서 같은 거리만큼 떨어져 있는 음식과 마실 것 이외에는 지각하지 않는 상황에 있다면 두 가지 대안을 생각해볼 수 있을 것이다. 하나는 갈증과 배고픔을 똑같은 강도로 지각(지각의 평형 상태)하기 때문에 어떤 하나를 선택하지 못한 채 갈증과 배고픔으로 죽는 경우인데, 이때 과연 그를 인간으로 볼 수 있을지 의문이 생기게 된다. 다른 하나는 이런 지각의 평형 상태에도 불구하고 자유의지에 따라 음식과 마실 것 중 하나를 선택하러 가는 경우인데, 이때 지각과 의지의 동일성이 깨지게 된다. 스피노자는 두 번째를 거부하고 첫 번째 선택지를 채택함으로써 이런 반론에 응수한다. 하지만 스피노자는 이런 인간을 광인이나 바보와 같은 비정상적인 부류의 인간으로 간주함으로써 이같은 상황의 극단성과 예외성을 지적하고 있다.

(3) 인간은 자연의 일부다

인간은 전통적으로 자유로운 존재로 여겨져왔으며 특히 인간의 자유는 영혼이나 정신과 관련된 것으로 이해되어왔다. 가령 플라톤은 《파이돈Phaedon》에서 악기에 종속되어 있는 화음과 달리 영혼은 성욕이나 식욕을 억제할 때처럼 육체를 거슬러 육체를 통제할 수 있다고 주장하고 있다(《파이돈》, 85b~99d). 또 정신과 육체의 분리를 거부하면서 그중 하나로 축소될 수 없는 인간의 일체성을 강조했던 아리스토텔레스조차 육체와 밀접한 관계에 있는 영혼anima과 구별되는 정신nous을 도입함으로써 정신과 육체의 이원론을 다시 자신의 이론 안에 슬그머니 끌어들이고 있다.[70]

중세로 들어오면서 인간에 대한 이런 이원론적 관점은 더욱 강화된다. 고대에서는 주로 감각이 영원한 대상에 대한 인식을 방해한다는 인식론적 맥락에서 육체에 대한 정신의 우위성과 독자성이 강조되었다면 중세에서는 인간의 악이나 죄를 육체성과 연관시키는 신학적·윤리적 맥락으로 논의의 범위가 확대된다. 가령 아우구스티누스Aurelius Augustinus는 《자유 의지론De Libero Arbitrio》에서 인간이 범하는 도덕적 악을 인간의 자유 의지와 연관시켜 설명하고 있고 이런 자유 의지는 신체와는 다른 원리에 따른 것임을 역설하고 있으며, 아퀴나스Thomas Aquinas는 정신을 불멸하는 영혼과 동일시하면서 아리스토텔레스의 주장을 종교적 색채가 좀 더 짙은 이원론적 방향으로 끌고 간다.

고대에서 중세까지의 이 같은 인간관을 특징짓는 모델이 바로 '배 안에 있는 선장' 모델이다. 이는 육체와 정신 혹은 영혼의 관계를 배를 조종하는 선장에 빗대어 표현한 것으로 육체에 대한 정신의 우위성과 육체로 환원될 수 없는 정신의 독자성을 전제로 하고 있다. 그런데 스피노자가 제3부 서문에서 비판하고 있는 것이 바로 이런 모델이라고 할 수 있다. 이 모델에 따르면 인간을 인간답게 하는 것은 육체가 아니라 정신, 그중에서도 자유 의지이며 이런 자유 의지 때문에 인간은 여타의 존재들과 다른 특권을 갖는다. 스피노자는 이런 주장이 '국가 속의 국가'를 꿈꾸는 것처럼 허황된 것이라고 비판한다.[71] 이는 법에 의해 지배되는 국가 안에 그것을 지배하는 별도의 법이 있을 수 없듯이 법칙에 의해 지배되는 자연을 다스리는 별도의 원리나 법칙이란 있을 수 없음을 의미한다. 즉 인간은 여타의 자연물과 마찬가지로 자연이라는 국가의 성원일 수밖에 없다는 것이다. 그러나 여기서 주의할 것은 스피노자가 정신을 물질의 상태로 소급시켜 설명하는 유물론을 옹호하는 것이 아니라 정신과 물질이 별도의 법칙에 따라 작동하는 자율성을 갖고 있음을 인정하고 있다는 점이다.[72]

이처럼 인간이 '자연의 일부'일 수밖에 없기 때문에 인간과 관련된 여러 사건이나 현상들은 여타의 자연 현상과 같은 방식으로 탐구되어야 하며 정서의 경우에도 사정은 마찬가지라고 스피노자는 보고 있다. 그러나 데카르트의 경우 한편으로 정서를 제1원인을 통해 설명하려 했으면서도 다른 한편으로 자유 의지가 행위에 대해 절대적인 힘을 행사한다고 주장하면서 전통적 입장과 근대적 입장 사이에서 동요를 보이고 있다는 점을 스피노자는 지적한다. 이런 점에서 스피노자는 데카르트가 철저하게 수행하지 못했던 정서의 제1원인에 대한 탐구를 더욱 철저하게 진행하고 있다고 볼 수 있다.

정서를 제1원인을 통해 설명하려는 스피노자의 입장은 정서에 대한 긍정적 평가로 이어지는데, 왜냐하면 "자연은 항상 같은 것이고 어디에서든 하나이며 그것의 힘과 작용하는 역량은 같"(이 책 39쪽)아서 "자연 안에서는 그것의 결함 탓으로 돌릴 수 있는 어떤 것도 일어나지 않기"(이 책 39쪽) 때문이다. 정서는 인간이 마음대로 선택할 수 있는 것이 아니다. 가령 나를 위협하는 사람에게 공포를 느낀다거나 나에게 친절을 베풀어준 사람에게 고마움을 느끼는 것은 거의 불가항력적인 것이다. 따라서 이런 정서들은 그 자체로 결함이 있기는커녕 자기를 보존하려는 욕구appetitus를 본질로 갖고 있는 인간에게 자연스러운 것이라고 할 수 있다. 오히려 문제는 수동적인 정서가 지배적일 때 그 과도함 때문에 집착이나 굴종의 형태로 자기 보존 욕구가 감소된다는 사실이며, 바로 이런 맥락에서 수동적인 정서로부터의 자유의 가능성에 대한 해명이 스피노자 윤리학의 핵심 과제가 된다.

　그러나 수동적인 정서로부터의 자유가 어떻게 가능한지에 대한 본격적인 논의에 앞서 여러 정서들이 어떤 원인에 의해 어떻게 발생하는지에 대한 해명이 필요한데, 이것이 바로 제3부 전체의 주제라고 할 수 있다. 스피노자는 이런 주제들을 기하학적 방식으로 서술한다. 여기서 '기하학적 방식'이란 "인간의 행위와 욕구를 마치 선, 면, 물체의 문제처럼 고찰"(이 책 40쪽)하는 것을 의미한다. 좀 더 정확하게 말해 이는 정의와 공리axiom 혹은 공준postulate을 통해 기쁨, 슬픔, 욕구라는 세 가지의 가장 단순하고 원초적인 정서에서 출발해서 좀 더 복합적인 정서들이 어떻게 발생하는지 보여주는 작업을 의미한다. 그래서 가령 기쁨으로부터 '외부 원인의 관념을 동반하는 기쁨'으로 정의되는 '사랑'이 도출되고(《에티카》, 제3부 정의 6), '슬픔'으로부터 '외부 원인의 관념을 동반하는 슬픔'으로 정의되는 '증오'(《에티카》, 제3부 정의 7)가 도출되며, 욕구로부터 '어떤 사물을 소유하려는 욕구'로 정의되는 '갈망'(《에티카》, 제3부 정의 32)이 도출될 수 있다.

　(4) 만물은 자기 보존의 힘을 갖고 있다는 점에서 동등하다

　제4부의 제목은 '인간의 예속 혹은 정서의 힘에 대하여'다. 제목에서 드러나듯 스피노자에게 예속이란 분노나 슬픔과

같은 수동적인 정서의 힘에 지배당하는 상태를 가리킨다는 점에서 정치적·사회적 의미를 갖는다기보다는 일차적으로 심리학적인 의미를 갖고 있다. 이런 예속 상태에서 사람들은 담배가 건강에 해롭다는 것을 알면서도 피우고 싶어 하는 것처럼 자기 자신에게 더 좋은 것이 무엇인지 지각하면서도 더 나쁜 것을 따를 만큼 정서에 얽매이게 된다. 이 때문에 스피노자는 이런 사태의 원인이 무엇이고 어떤 정서들이 좋은 것이며 어떤 정서들이 나쁜 것인지를 제4부에서 논의 주제로 삼고 있다.

그러나 이런 주제에 대한 본격적인 논의에 앞서 스피노자는 완전성과 불완전성 개념, 선과 악 개념이 어떻게 발생되었는지에 대해 구체적으로 설명하고 있다. 스피노자는 이미 제1부 부록에서 선과 악 개념이 미와 추 개념이나 질서와 혼란 개념과 마찬가지로 사물 안에 내재하는 성질이 아니라 우리에게 유용성을 가져다준 사물에 대해 우리가 높은 가치를 부여한 결과 생긴 것임을 지적했다. 그럼 제4부에서 이런 개념을 다시 논하는 이유는 무엇일까? 결론부터 말하면 제1부 서문에서는 그런 개념의 성격에 대해 간략하게 언급만 하고 있다면 제4부에서는 그런 개념이 어떻게 발생되었는지에 대한 좀 더 구체적인 논의와 함께, 실천적 차원에서 그런 개념의 필요성을 재론하고 있다고 할 수 있다.

스피노자는 완전성과 불완전성 개념이 맨 처음 어떻게 생겨났는지를 어떤 사물을 만드는 제작자의 의도 및 목표와 관련시켜 설명하고 있다. 댐을 본 적도 없고 그것을 지으려는 사람의 목표와 의도도 알지 못하는 사람이 우연히 그것(그것은 아직 완성되지 않았다)을 보게 되었다고 하자. 댐을 본 적이 없을 뿐만 아니라 제작자의 의도와 목표에 대해 아는 바가 없는 그로서는 그것이 완성되었는지 그렇지 않은지 말할 수 없을 것이다. 반면 댐이라는 건설물의 목표와 의도를 아는 사람은 공사가 아직 완성되지 않았기 때문에 그것이 미완성되었으며 불완전하다고 말할 것이다. 스피노자는 이와 같이 제작자의 의도와 목표를 안다고 할 때 그런 의도와 목표에 따라 완성된 것을 완전하다고 부르고, 그렇지 못한 것을 불완전하다고 부르는 것에서 완전성과 불완전성 개념의 최초의 의미가 탄생했다고 보고 있다.

이런 첫 번째 의미에 어떤 사물은 바로 이러저러한 것이라는 일반적인 인식이 굳어지고, 이런 기준에 따라 완전성 여부를 판단함으로써 완전성과 불완전성의 두 번째 의미가 생겨나게 된다. 가령 어떤 사람이 통화 기능뿐만 아니라 디지털 카메라 기능과 위성 텔레비전 수신 기능까지 모두 갖춘 것만을 핸드폰이라고 생각한다고 하자. 이 사람에게는 이 모든 기능을 갖고 있는 모델만이 핸드폰으로 간주될 것이며 그렇지 못한 것은 불완전한 제품으로 여겨지게 될 것이다. 이처럼 어떤 사물에 대한 일반 개념notio generalis에 부합하는 것은 완전한 것으로 여겨지고 그렇지 못한 것은 불완전한 것으로 여겨지는 데서 완전성과 불완전성 개념의 두 번째 의미를 찾을 수 있다고 스피노자는 보고 있다.

불완전성과 완전성 개념은 이제까지 주로 인간이 만든 것들과 관련해서 얘기되었지만 시간이 지나면서 이런 인공물을 넘어 인간에 의해 만들어지지 않은 자연물에까지 확장되었다고 스피노자는 보고 있다. 우리는 흔히 식물보다는 동물이 더 완전하고 동물보다는 인간이 더 완전하다고 말하며, 그 근거로 식물은 움직이지 못하지만 동물은 움직일 수 있으며, 동물은 이성적으로 생각하지 못하지만 인간은 그럴 수 있다는 사실 등을 제시하곤 한다. 그런데 이런 일련의 주장을 하기 위해서는 이미 자연계의 전 존재가 완전성의 등급에 따른 위계hierachy를 형성하고 있다고 가정해야 한다. 즉 동물이 움직일 수 있는 능력을 갖고 있다는 점에서 이미 식물보다 더 완전한 등급의 존재이고, 인간은 이성적 사유를 할 수 있다는 점에서 동물보다 더 완전한 등급의 존재라고 가정하는 식으로, 인간의 이성 능력을 정점으로 갖는 완전성의 등급에 대한 밑그림을 사전에 갖고 있어야 이런 판단이 가능하다. 스피노자는 바로 이 지점에서 완전성과 불완전성 개념의 허구성을 지적한다. 그가 보기에 이런 식의 완전성과 불완전성 개념은 어떤 자의적인 기준(가령 동물의 '움직이는 능력'이 그렇지 못한 식물의 능력보다 더 뛰어나다고 가정함)에 따라 어떤 부류의 것을 다른 부류의 것과 비교함으로써 생긴 것이다. 그러나 스피노자에게 "실재성은 완전성과 동일한 것"(《에티카》, 제2부 정의 6)이며 따라서 어떤 부류의 개체가 존재하고 자기 보존하는 힘을 갖고 있는 한 그것은 완전하다고 할 수 있다. 사실 그 자체로 놓고 볼 때 일생 동안 성장할 수 있는 능력이나 광합성 작용을 할 수 있는 능력 같은 것은 동물에게는 없는 식물만의 독특한 능력일 뿐 아니라 식물의 조직화 수준에 걸맞게 생명을 유지하는 데 크게 공헌한다. 따라서 단순히 이동 능력이 부재한다는 사실 때문에 식물이 동물보다 불완전하다고 말하는 것은 문제가 있다고 할 수 있다.

이 같은 완전성과 불완전성 개념에 대한 비판은 다시 제1부의 목적론 및 인간중심주의에 대한 비판과 연관되는데, 왜냐하면 이처럼 존재의 서열화된 밑그림의 궁극적인 종착점에는 인간이 있고,[73] 이런 인간은 동물이나 식물보다 더 높은 등급의 존재이기 때문에 완전하며, 이런 완전성은 우주의 질서를 수단과 목적의 관계에 따라 적절하게 배치한 신의 목적과 관련되어 설명되고 있기 때문이다. 그러나 스피노자는 이런 식의 사고가 "자연의 모든 개체들을 가장 일반적인 것이라고 불리는 하나의 유로 소급해서 설명하는" 습관을 통해 "자연의 개체들을 유로 귀착시키고 또한 {그것들을} 서로 비교하여 어떤 것이 다른 것보다 더 많은……실재성을 갖는다는 것을 발견"(이 책 44쪽)하기 때문에 이루어진다고 설명하고 있다. 가령 우리는 무궁화나 진달래가 가진 여러 차이점을 무시하고 공통되어 보이는 어떤 특징(이를테면 움직이지 못하고 감각하지 못하는 생명체라는 사실에 주목하여)을 추려내어 그것을 '식물'이라는 일반 개념 아래 포섭시킨다. 그러나 움직일 수 없고 감각할 수도 없는 생명체로 정의되는 식물은 살아 있는 것이라는 점에서 다시 '생물'이란 일반 개념에 포함될 수 있으며, 이런 식으로 계속 나갈 때 그 자신이 다른 개념을 모두 포함하지만 다른 어떤 개념에도 포함되지 않는 가장 일반적인 개념에 이를 수 있다. 포르피리우스Porphyrius 같은 사람은 이런 가장 일반적인 개념을 가장 높은 수준의 유 개념이라고 부르고 다시 이에 해당하는 것이 '실체substantia'라고 주장하지만, 어쨌든 여기서 중요한 것은 이런 학설의 주창자들이 존재의 영역과 개념의 영역을 동일한 것으로 간주하고 있으며 가장 일반적인 개념을 정점으로 일반 개념 간의 포함 관계를 통해 존재의 위계를 그리고 있다는 점이다.

이런 주장에 대해 스피노자는 우선 개개의 존재와 그 존재를 나타내기 위한 일반 개념을 혼동하고 있음을 문제로 지적한다.[74] 그러나 스피노자가 보기에 이런 학설의 보다 근본적인 문제점은 구체적인 실재의 본질과 추상적인 특징을 혼동하고 있다는 것이다. 즉 플라톤이나 이순신 같은 개개의 인간이 존재할 뿐 '인간'이란 일반 개념이 존재하는 것이 아니듯 개개의 인간을 인간이게끔 하는 것은 '이성성'이나 '웃을 수 있음'과 같은, 개체에 대한 추상적이고 자의적인 규정이 아니라 어떤 결과를 생산할 수 있는 현실적인 힘으로서의 욕망cupiditas이다. 왜냐하면 스피노자에 따르면 본질이란 여럿에 공통된 것이 아니라(《에티카》, 제2부 정리 37) 해당 개체에 고유한 자기 보존의 힘이며(《에티카》, 제3부 정리 9), 이런 힘은 인간에게 욕망과 동일한 것이기 때문이다(《에티카》, 제3부 정서의 총괄적 정의 1과 주석).

존재의 서열화 혹은 위계화에 기반을 둔 완전성과 불완전성 개념이 이처럼 허구적인 것임에도 왜 사람들은 그런 식으로 사고하는 경향이 있는 것일까? 스피노자는 우리가 이후에 완전하다고 부르는 대상들이 우리의 정신을 더 자극하기 때문에 그렇다고 대답한다. 가령 인간이 문학과 음악 등을 즐길 줄 안다는 사실에 깊은 인상을 받은 사람은 인간을 '문화적 존재'로 정의할 것이고, 똑바로 서서 걸을 수 있는 인간의 능력에 인상 깊은 사람은 인간을 '똑바로 서서 걸을 수 있는 존재'로 정의할 것이다. 이는 인간의 어떤 측면이 그들에게 더 강한 인상을 주었기 때문이지 애초부터 정해진 어떤 성질이 완전성으로서 인간 안에 내재하고 있기 때문이 아니다.

선과 악의 경우도 사정은 마찬가지다. 물론 악이 적극적으로 존재하는 어떤 것이 아니라는 견해는 스피노자 이전에도 존재했다. 가령 아우구스티누스는 플라톤적인 노선을 따라

선이 결여될 때 악이 발생한다고 주장하면서 악이 선과 독립해서 그 자체로 존재하는 것이 아니라고 주장한다. 그러나 스피노자는 악뿐만 아니라 선도 적극적으로 존재하는 어떤 것이 아니라고 주장한다는 점에서 훨씬 더 급진적인 입장의 소유자라고 할 수 있다. 그는 선과 악이 고정불변의 절대적인 것이 아니라 상대적인 것이라고 주장하면서 "음악은 우울한 이에게는 좋고 애도하는 이에게는 나쁘지만 귀머거리에게는 좋지도 않고 나쁘지도 않다"(이 책 45쪽)는 것을 그 주장의 근거로 제시하고 있다. 이는 선과 악에 대해 평가하는 화자의 조건에 따라 선과 악에 대한 지각이 바뀔 수 있음을 보여준다는 점에서 그런 가치 판단을 발언하는 사람의 조건과 관련된 선과 악의 상대성을 주장하는 것이라고 할 수 있다.

그러나 완전성과 불완전성 개념이나 선과 악 개념이 이처럼 사물 안에 내재하는 어떤 적극적인 것이 아니라 사물을 서로 비교한 결과 생긴 사유의 양태에 불과하다고 해도 그런 개념을 완전히 폐기하는 것은 대다수의 사람에게 가능하지도 않고 바람직하지도 않다고 스피노자는 주장하고 있다. 먼저 스피노자는 우리가 거의 항상 우리에게 유익하거나 혹은 유익하지 않은 어떤 것과 관련시켜 선과 악 개념을 말한다는 점에서 그 개념들이 폐기될 수 없다고 보는데, 왜냐하면 자기 보존 욕구를 갖고 있는 모든 사람들은 자연스럽게 자신들에게 유익한 것을 선하다고 판단하고 그렇지 못한 것을 악하다고 판단하는 경향이 있기 때문이다. 스피노자는 또한 '인간 본성의 전형{본}'이라는 개념을 통해 선과 악의 개념과 완전성과 불완전성의 개념을 복권시킨다. 여기서 인간 본성의 전형이란 인간이 스스로에게 부과한 어떤 인간의 이상적인 도덕의 경지를 가리키며, 그런 점에서 그것에서 가까울수록 더 완전하고 선한 인간으로 여겨지는 반면 그것에서 멀어질수록 덜 완전하고 악한 사람으로 여겨진다. 이런 주장은 얼핏 보면 목적인을 거부한 제1부의 입장이나 실재성은 완전성과 동일한 것이라는 앞의 주장과 어긋나는 것처럼 보인다. 그러나 스피노자가 이런 개념들을 '실천적' 맥락에서 복권시킨다는 점에 유의해야 한다. 비록 이론적으로는 완전성과 불완전성 개념 등이 사유의 방식에 불과한 허구적인 것이라고 해도 그것이 어떤 인물을 모델이나 본보기로 설정하고 그와 비슷해지려고 노력함으로써 더 나아지려는 인간의 행동과 관련된다는 점에서 인간의 행동에 강한 동기를 부여할 수 있으며, 그런 맥락에서 자기 보존 욕구를 증가시킬 수 있기 때문이다.

스피노자는 제4부 부록에서 인간이 정념의 노예가 되는 예속의 상태에서 벗어날 수 있는 실천적인 방안을 제안한다. 이는 올바른 삶의 방식과 관련하여 제4부 여기저기서 증명했던 내용들을 한데 모아놓은 것이다. 이 부록은 다음과 같이 크게 나눌 수 있다.

① 욕구의 기원, 선한[좋은] 욕구와 그렇지 못한 욕구로 욕구를 구별함(제1~5항)

② 인간의 일반적인 조건 및 선과 악의 인식의 조건 (제6~9항)

③ 개인들 간의 일치와 불일치의 여러 조건 및 바람직한 방향과 그렇지 못한 방향의 일치 조건에 대한 지적 (제10~25항)

④ 우리의 유용성의 기준에 따른 자연 사물의 활용 필요성(제26~27항)

⑤ 모든 사물의 척도로서 화폐와 필요에 따른 부의 규모 조절의 필요성(제28~29항)

⑥ 신체에서 오는 기쁨의 과도함에 따르는 위험성과 미신의 유해성(제30~31항)

⑦ '정신에 의한 인식'을 통한 정서의 치유(제32항)

먼저 스피노자는 우리가 전적으로 자발적인 욕구를 통해 어떤 결과를 낳는 경우와 외부 원인의 영향이 함께 뒤섞여서 어떤 결과를 낳는 경우를 구별한다(제1항). 제3부 정의 2^{75}를 참조해서 말한다면 전자의 경우에는 어떤 원인의 결과가 오직 우리의 욕구를 통해 충분히 설명된다는 의미에서 그 욕구가 결과의 적합한 원인이라고 할 수 있는 반면, 후자는 그렇지 못하기에 부적합한 원인이라고 할 수 있다. 스피노자는 우리의 욕구가 우리의 행위나 우리 바깥에서 일어나는 사건의 적합 원인일 수 있다는 말과 우리가 적합 관념에 따라 사유한다는 말이 같은 뜻이라고 주장하는데(제2항), 왜냐하면 적합 관념에 따라 사유한다는 것은 지성의 능동성을 반영하며 이는 외부 환경에 대한 능동성을 가능하게 하기 때문이다. 이런 적합 원인의 정의는 정서에도 해당하며, 이때 적합 원인의 역할을 하는 정서를 능동적 정서라고 부르고 그렇지 못한 정서를 수동적 정서 내지 정념passio이라고 부른다. 이런 정서 중 능동적 정서만이 우리에게 항상 좋은 것이고, 수동적 정서는 항상 그런 것은 아니기 때문에(제3항) 우리는 적합 관념을 이해할 수 있는 능력인 지성을 완전하게 할 필요가 있다(제4항).

따라서 지성을 작용인으로 하는 모든 인간의 행위는 필연적으로 좋으며[선하며](제5항), 나쁨[악]은 외적인 원인을 통해서만 일어날 수 있다(제6항). 하지만 지성을 완전하게 하는 일은 인간에게 지극히 어려운 과제인데, 왜냐하면 자연의 일부인 인간은 항상 외부 원인의 영향에 노출되어 있기 때문이다(제7항). 그럼에도 스피노자는 이런 '이성적 삶'을 향유하는 것을 인간 최상의 자연권이라고 선언하면서(제8항) 인간의 자유에 대한 낙관론을 표명하는데, 이런 낙관론의 밑바탕에는 다시 이성의 명령을 따르는 사람(들)이 모든 사람들의 능력을 가장 극대화할 수 있는 길을 가르쳐줄 수 있을 뿐만 아니라 이런 길에 모든 사람들이 동조할 것이라는 믿음이 깔려 있다(제9항).

욕구는 각 개체가 소유한 자기 보존의 힘을 심리학적으로 표현한 것이다. 이런 힘을 소유한 개인은 또 다른 개인들과 서로 밀고 당기는 관계를 맺게 되며, 이 과정에서 서로의 힘이 일치하여 서로에게 더 큰 힘을 줄 수 있는 경우가 있는 반면 그렇지 못한 경우도 있다. 그러나 사람들 간의 일치는 상호 이해와 존중에 바탕을 두어 장기적으로 지속될 수도 있고 그렇지 않은 방향으로 진행되어 금방 깨질 수도 있다. 가령 상대방에게 공포를 불러일으킴으로써 일치를 이루거나(제16항) 아첨을 통해 상대방과 관계를 유지한다면(제21항), 이는 해당 개인의 슬픔[76]을 가져오기에 궁극적으로 서로의 힘을 감퇴시키는 결과를 가져올 것이다. 반면 정중함이나 경건함, 정의감 같은 욕망에 따라 이루어지는 행위는 사람들 간의 진정한 일치를 가져올 수 있다(제16항, 제24항, 제25항).

올바른 삶의 방식에 대한 논의에서 빠질 수 없는 것이 우리의 신체를 보존하기 위한 자연물들의 섭취와 소비의 필요성에 대한 언급인데(제28항), 왜냐하면 스피노자의 입장에서 인간이란 정신적인 측면과 육체적인 측면 모두에서 고려되어야 하는 존재이기 때문이다. 또 이런 맥락에서 스피노자는 이러한 재화들을 구입하기 위한 화폐의 필요성을 주장하고 있지만, 이 지점에서 화폐를 자신에게 필요한 재화를 구입하기 위한 수단이 아니라 목적 자체로 전도시킬 위험에 대해 경고하는 것을 잊지 않는다(제29항).

스피노자는 이와 같이 한편으로 신체의 보존을 위한 물질적 수단들에 대해 강조하면서도 다른 한편으로 이런 수단들이 대부분 육체의 전 부분이 아니라 육체의 일부분에 대해서만 일시적으로 강한 기쁨을 주는 까닭(가령 맛있는 음식에서 오는 기쁨이나 성적인 쾌락처럼)에 이런 수단들을 과도하게 추구할 수 있다는 주의를 준다(제30항). 공포를 불러일으키면서 맹목적인 복종을 강요하는 미신superstitio 역시 우리의 힘과 지성을 마비시키는 까닭에 스피노자에게는 경계의 대상이 된다(제31항).

마지막으로 스피노자는 외부 원인의 영향에 노출되어 있는 인간이, 그럼에도 불구하고, 자신이 가진 지성을 통해 정념의 지배에서 벗어날 수 있다는 낙관론을 다시 한번 표명하고 있다(제32항).

(5) 정념은 의지가 아니라 정신의 인식에 의해 치유될 수 있다

제5부의 제목은 '지성의 역량 혹은 인간의 자유에 대하여'다. 여기서 '지성의 역량'은 제4부 제목('인간의 예속 혹은 정서의 힘에 대하여')에 나오는 '정서의 힘'과 대비를 이루고, 마

찬가지로 '인간의 자유'는 '인간의 예속'과 대비를 이룬다. 제4부에서 '예속servitus'이 정념에 얽매인 강제 상태로 규정되고 있다는 점을 감안하면, 제5부의 제목에 나오는 '자유'는 '정념으로부터 자유'라는 것을 어렵지 않게 추론해낼 수 있다. 이런 이유에서 스피노자는 "이성 자체가 정서에 대해 무엇을 할 수 있고" "정신의 자유 혹은 지복"이 무엇이며 "현인이 무지자보다 얼마나 더 힘이 있는지를"(이 책 58쪽) 제5부 전체에 걸쳐 보여주고 있다. 하지만 그는 본격적인 논의에 앞서 서문에서 정서에 대한 의지의 절대적인 지배를 주장하는 입장들, 특히 스토아주의와 데카르트의 입장을 비판적으로 고찰한다.

헬레니즘 시대에 전성기를 누렸던 스토아주의Stoicism는 진정한 선〔좋음〕이 인간에게 행복을 가져다줄 수 있다고 주장할 뿐만 아니라 이를 위해서 정념pathê에서 벗어날 것을 강조한다는 점에서 스피노자의 윤리학과 유사한 부분이 많은 것처럼 보인다. 그러나 이들이 윤리적 목표로 제시한 이른바 '아파테이아apatheia', 즉 문자 그대로 '정념이 없는 상태'77는 스피노자가 보기에 외부 원인의 영향에 거의 무방비로 노출되어 있는 인간의 조건을 과소평가하고 있을 뿐 아니라 욕구에 대한 의지의 절대적 지배라는 잘못된 가정에 기초하고 있다. 스토아학파가 제시하는 개 조련의 예를 인용함으로써 스피노자는 바로 그들의 주장이 지닌 이런 문제점을 넌지시 지적하고 있다. 개 조련사가 "훈련을 통해 결국 애완견으로 하여금 사냥하게 할 수 있었고, 반대로 사냥개가 산토끼를 쫓지 못하게 할 수 있었다"(이 책 59쪽)고 할 때, 이는 두 가지를 시사한다. 우선 동물 조련을 포함한 어떤 훈련이든 힘의 조건을 무시할 수 없다는 점이다. 조련사들은 훈련시킬 동물의 기선을 제압함으로써 훈련을 시작하곤 하는데, 이를 통해 스피노자는 정서의 통제 훈련의 경우에도 이런 힘의 조건들이 가장 우선적으로 고려되어야 함을 시사하고 있다고 하겠다. 개 조련의 예는 또한 의지의 힘이 오히려 외부 원인에 예속됨을 보여준다. 사냥개가 산토끼를 쫓지 못하게 하려면 그렇게 하려는 사냥개의 욕구를 억제시켜야 하고, 집 지키는 개가 사냥하게 하려면 집에 들어앉아 있으려는 개의 욕구를 억제시켜야 한다. 이런 일은 사냥개나 집 지키는 개의 의지가 아니라 오히려 조련사의 의지라는 외부 원인에 의해 가능한 것이다. 그러나 스토아학파의 보다 근본적인 문제점은 이런 식의 사례 자체가 "정서를 저지하고 통제하기 위해 적지 않은 훈련이나 노력이 필요하다"(이 책 59쪽)는 것을 은연중에 인정하고 있다는 것이며, 그렇기에 "정서가 우리의 의지에 절대적으로 의존하며 또한 우리가 그것에 대해 절대적으로 명령을 내릴 수 있다"(이 책 59쪽)는 자신들의 주장을 무력하게 만든다는 점이다.

스피노자는 데카르트에 대해서는 스토아학파에 대해 행

했던 완곡하고 암묵적인 비판과 달리 직설적이고 노골적인 비판을 한다. 데카르트는 잘 알려진 대로 다른 것에 의존해 존재할 필요가 없는 자립적인 존재를 실체라고 불렀고 신, 정신, 물체가 이에 해당한다고 보았다.[78] 정신은 '생각한다'는 주요한 특징을 가지고 있고, 물체는 '길이와 넓이와 깊이라는 점에서 연장되어 있다'는 주요한 특징을 가지고 있다. 이 둘은 다른 것에 의존해서 존재하지 않는 실체인 까닭에 적어도 논리적으로는 물체가 정신 없이도 존재할 수 있고 정신은 물체 없이도 존재할 수 있다.

바로 여기서 육체와 정신 모두로 이루어진 것처럼 보이는 인간의 경우, 이 둘의 관계를 어떻게 이해해야 하는지의 문제가 제기된다. 동물의 경우는 생각할 수 있는 능력을 소유하지 않은 것처럼 보이기에 그것들을 물체로 간주하고 그들의 행동을 마치 시계의 태엽이나 톱니바퀴처럼 기계론적으로 연구하면 되지만(동물기계론), 인간의 경우는 그렇지 않은 것처럼 보이기에 인간의 행위를 어떻게 이해하고 설명할 것인가라는 물음이 던져질 수 있다. 이에 데카르트는 정신과 물체라는 두 실체들이 우리의 몸 안에서 하나로 결합되어 있고 상호 작용한다는 주장을 하며, 이에 기반해 손을 들려는 나의 의지를 통해 손을 들어 올리는 나의 행동을 설명할 때처럼 정신이 신체에 영향을 끼칠 수 있다는 것을 옹호하려 한다. 또한 데카르트는 신체와 정신 간에 상호 작용이 일어날 수 있도록 둘을 소통시켜주는 장소가 뇌의 송과선이라고 주장하면서, 이곳을 통해 바깥의 종소리를 지각한다거나 우리의 육체 안에서 굶주림이나 갈증을 느낀다거나 하는 다양한 현상들이 일어날 수 있다고 보았다.

데카르트는 이런 송과선의 매개를 통해 정념 또한 설명한다. 데카르트에 따르면 정념은 내 앞에서 짖는 개를 보고 공포를 느끼는 경우에서 볼 수 있듯 외부 대상이 우리의 감각기관을 자극함으로써 유발된 정기들의 운동이 송과선을 자극함으로써 정신 안에서 생긴다. 이런 의미에서 정념은 정신의 영역에 속하는 것이긴 하지만 외부 대상의 영향이 우리 안에 각인된 것이라는 점에서 '수동적'인 정신 상태라고 할 수 있다. 이런 수동적인 정신 상태로서의 정념은 특정 외부 자극에 대한 특정한 반응의 패턴을 나타낸다는 점에서 자연스러운 것이라고 할 수도 있다. 그러나 정신을 동요[79]시킨다는 점에서 실천적으로 좋지 않은 영향을 줄 수 있으며, 바로 이런 맥락에서 데카르트는 정념에서 벗어나는 길을 제시하려고 한다.

정념에서 벗어나기 위한 데카르트의 전략은 확실한 판단을 통해 우리의 의지를 규정하고 우리가 원하는 정념을 이런 판단들과 결합시키는 것이다. 가령 어떤 병사가 전쟁에 참가해서 적들이 몰려오는 것을 보고 있다고 하자. 이때 그는 자연스럽게 두려움을 느끼게 될 것이다. 그러나 그가 만약 무기와 인원 면에서 자기편이 유리하기에 이길 것이라고 판단하고 이런 판단을 병사로서 그 상황에서 자신에게 필요한 정서인 용기와 결합시킨다면 두려움을 극복할 수 있을 것이라고 데카르트는 보고 있다. 물론 이런 식으로 정념에서 벗어나는 것이 쉬운 일이 아니라는 것을 데카르트는 알고 있었으며, 그래서 부단한 훈련과 노력이 필요하다는 점을 강조했지만 "아무리 약한 정신의 소유자라 하더라도, 그들을 훈련하고 지도하는 데 충분한 노력이 가해진다면……모든 정념들에 대한 절대적 지배권을 분명히 얻을 수 있다"(《정념론》, 제1부 50절)고 주장하면서 궁극적으로는 정념을 통제하는 의지의 능력에 대해 신뢰를 보내고 있다.

스피노자는 데카르트의 주장 밑에 깔려 있는 두 전제, 즉 정신과 신체의 인과적 상호 작용설과 의지의 절대성을 문제 삼는다. 먼저 스피노자는 데카르트가 말하는 정신과 신체의 연합이라는 관념[80]이 그 자체로 이해할 수 없을 뿐만 아니라 인간 행위에 대해서도 설명해주는 바가 없는 '신비한' 가설에 불과하며, 그래서 데카르트가 결국 신체와 정신의 상호 작용을 설명하기 위해 신을 끌어들이는 인위적 해결책Deus ex machina에 호소할 수밖에 없었다고 비판한다.[81] 그러나 스피노자가 보기에 이보다 더 근본적인 문제는 정신과 신체가 서로 인과적 상호 작용을 하는 것이 아님에도 데카르트는 마치 그것을 자명한 것처럼 여긴다는 것이다. 스피노자에 따르면 정신과 신체는 동일한 사물의 두 측면이다. 그래서 어떤 시점에 내가 느끼는 상태가 정신적으로는 '고통'으로 표현될 수 있고 신체적으로는 'C-신경섬유의 활성화'로 표현될 수 있다. 이 둘은 동전의 양면처럼 항상 서로 동시에 진행될 뿐 이 중 하나가 다른 하나의 원인이 될 수는 없다. 스피노자가 보기에 데카르트는 이런 인식을 갖지 못했기 때문에 정신과 물체 간의 인과적 상호 작용을 자명한 것으로 여기고 그것에 대한 억지 설명을 내놓았던 것이다. 데카르트의 이런 혼란은 의지를 통해 정념을 통제할 수 있다는 그의 윤리적 전략에도 문제를 일으킨다고 스피노자는 보고 있다.

우선 정신과 물체가 서로 인과적으로 상호 작용할 수 없다는 스피노자의 주장에 근거한다면 의지volitio는 정신의 영역에 속하는 것이고[82] 신체의 운동은 물체의 영역에 속하는 것이라는 점에서 둘은 서로에게 영향을 끼칠 수 없다. 그래서 밀려오는 적들을 보고 두려움에 떨던 병사가 승리하리라는 확신에 근거해 다시 용기를 갖고 싸우는 사례를 다시 고려해볼 때, 용기를 갖고 싸우게 할 수 있는 직접적 원인은 의지가 아니라 그렇게 하는 것이 자기를 보존하는 데 유익하다는 확신에서 오는 욕망, 즉 용기animositas다.[83] 여기서 주목할 것은 판단과 결합된 의지만으로는 정념을 극복할 수 없다는 사실이다. 가령 적들이 밀려오는 광경을 본 병사는 싸워야 한다는 의지를 가지겠고 전세戰勢가 과연 유리할 것인가에 대한 판단을 내리겠지만 전세가 유리하다고 판단한다고 하더라도 이런 판단이 용기라는 정서를 자동적으로 불러일으키는 것은 아니기 때문이다. 이런 점에서 정서는 의지에 의해 통제되는 것이 아니라 그것과 상반되는 더 강한 정서에 의해서만 제어될 수 있으며(《에티카》, 제4부 정리 7), 그래서 용기라는 정서가 공포를 제압해야만 병사가 도망가지 않고 전투를 제대로 수행할 수 있게 될 것이다.

이처럼 정념이 의지에 의해서가 아니라 그것과 상반되는 더 강한 정서에 의해서만 제어될 수 있다고 할 때, 정념을 제어할 수 있는 이런 강한 정서는 무엇으로부터 생길 수 있는가? 스피노자는 이에 대해 '정신의 인식'을 통해서라고 답한다. 앞서 전쟁에 참가한 병사의 경우, 신뢰할 만한 근거에 기초해 전쟁에 반드시 승리할 것이라고 확신한다면 그는 적을 보더라도 결코 도망가지 않고 용기를 갖고 싸울 것이다. 또 거리에서 시위하는 외국인 노동자들을 보고 분노하던 사람도 그들이 너무나 불합리한 상황에 처해 있다는 사실을 알게된다면 적어도 분노를 갖지 않게 될 것이다. 이처럼 일차적으로 정신의 인식이란 정념의 원인이 되는 상황 내지 현상을 인식하는 것이다.

'정신의 인식'은 또한 정신의 역량에 대한 인식이기도 하다. 가령 반드시 승리할 것이라는 병사의 확신은, 그것이 신뢰할 만한 근거에 기초하고 있다면, 그 자체로 그런 판단을 내린 사람의 정신의 역량을 표현하며, 이를 통해 그는 자신의 정신이 정념보다는 지성에 의해 지배되고 있다는 사실을 인식하게 될 것이다.

지금까지 《에티카》의 중심 내용을 서문과 부록을 중심으로 살펴보았다. 물리학의 발달로 스피노자의 자연학의 상당 부분은 오늘날 더 이상 유효하지 않은 것으로 여겨지고 있으며, 그의 생리학 역시 현대적 관점에서 보면 미흡한 것이 사실이다.[84] 그러나 이로부터 그의 철학이 더 이상 유효하지 않다는 결론을 내릴 수는 없다. 왜냐하면 스피노자 철학의 중요한 아이디어는 오늘날에도 여전히 여러 방면에서 빛을 내고 있기 때문이다. 이제 그의 사상이 어떤 면에서 현재 진행형인지를 확인해보도록 하자.

3. 《에티카》는 서양 사상에 어떤 영향을 끼쳤는가

스피노자 사상의 수용과 영향의 역사는 스피노자에 대한 당대인들의 이해 수준과 지평을 드러내준다. 따라서 각 시기별로 당대 사람들이 스피노자에 대한 어떤 개념적 초상을 그렸는지 개관해보도록 하자.[85]

(1) 17세기 — 무신론자 스피노자

17세기 동안 대부분의 사람들에게 스피노자는 무신론자나 불신앙자의 모습으로 비쳤다. 특히 기독교 문화가 지배하던 서구에서 스피노자는 긍정적인 논의의 대상이라기보다는 주로 논박의 대상으로 거론되었다. 적극적인 관심을 불러일으키는 경우가 있었다 해도 정통 종교를 비판적 안목으로 보려고 했던 사람에게 그랬을 뿐이다. 결론적으로 정통 기독교도와 자유사상가 모두 스피노자를 무신론자나 불신앙자로 파악하는 데 의견일치를 보였다.

ㄱ. 《신학-정치론》 비판

1670년에 출간된 《신학-정치론Tractatus Theologo-Politicus》은 엄청난 반향을 불러일으켰다. 이 책은 익명으로 출간되었지만 책의 저자가 누구인지 사람들은 곧장 알아챘다. 특히 성서에 대한 비판적 해석의 필요성을 주장하는 내용은 정통 기독교도들의 반감을 불러일으켰다. 당시에는 성서의 출처가 확실하다는 것을 근거로 성서의 권위를 주장했는데 스피노자의 비판적 해석을 통해 성서가 "상이한 시기에 상이한 사람들을 대상으로 상이한 저자들에 의해 씌어진 상이한 책들의 모음"[86]이라는 것이 드러남으로써 성서의 권위가 흔들리게 되었다고 그들은 판단했기 때문이다. 게다가 《신학-정치론》에서 표명된 신의 초법칙적인 세계 개입으로서의 기적에 대한 비판이라든가 신앙의 자유에 대한 옹호 등은 제도 교회의 기득권자들의 미움을 사기에 충분한 주장이었다.

《신학-정치론》에 대해 라이프니츠의 스승인 토마시우스 Thomasius를 필두로 시몽Richard Simon이나 클레르크Jean Le Clerc 등이 비판을 가했지만 적어도 성서 해석의 방법에 관한 한 스피노자의 주장이 완전히 받아들여졌다고 보아야 한다. 왜냐하면 오늘날 성서해석학에서는 성서가 내용 면에서 가필이나 삭제되었다는 것을 정설로 인정하고 있기 때문이다.

ㄴ. 실체의 통일성과 결정론

두 번째 큰 논쟁은 실체의 통일성 및 결정론determinism과 관련된 것이다. 이는 벨Pierre Bayle과 라이프니츠라는 두 인물과 관련된다.

벨은 《역사적이고 비판적인 사전Dictionnaire historique et critique》의 '스피노자' 항목을 집필함으로써 스피노자의 대중적 인지도를 높이지만 동시에 무신론자로서의 스피노자의 평판을 확산시키는 데도 공헌한다. 그는 스피노자의 사상을 소개하면서 '생산하는 자연Natura naturans'과 '생산된 자연Natura naturata'을 구분하지 않고 있고, 실체와 양태의 관계를 기계론적 동일성의 관계로 파악하면서 스피노자 학설을 왜곡시켰다. 그 결과 스피노자의 철학은 신과 세계를 뒤섞고, 이를 통해 세계의 온갖 불합리와 모순을 불가해하게 만드는 학설로 묘사된다. 벨의 이런 스피노자 해석은 이후 서구 지성계에 무신론자로서의 스피노자의 이미지를 확대 재생산하는 데 크게 공헌한다.

스피노자와 서신 교환을 했을 뿐 아니라 직접 스피노자를 방문하기도 했던 라이프니츠는 데카르트주의자들과의 논쟁에서 필요할 때마다 스피노자를 비난했는데, 스피노자주의의 뿌리가 데카르트주의라고 생각했기 때문이다. 라이프니츠 자신은 스피노자와의 사상적 친화성을 거부하지만 이는 과장되어선 안 된다. 왜냐하면 라이프니츠의 학설 중 어떤 것(가령 모나드설)은 스피노자의 영향을 직접 받은 것이고, 또 어떤 것은 스피노자가 데카르트에 대해 제기한 문제들에 달리 답하려는 시도에서 나온 것(가령 예정조화설)이기 때문이다.

ㄷ. 스피노자 서클

그러나 스피노자를 비방한 사람들만 있었던 것은 아니다. 몇몇 스피노자 서클이 있었는데 이들은 두 부류로 나눌 수 있다. ① 취른하우스Tschirnhaus와 같은 지식인들, ② 마이에르Lodewijk Meyer, 발링Pieter Balling과 같은 기독교인들. 이들 모두는 스피노자와 서신 교환을 통해 서로 영향을 주고받았다.

(2) 18세기 — 창조적인 오해의 시기

이 시기에는 스피노자의《유작Opus posthuma》이나《신학-정치론》등의 저서들이 많이 보급되었다. 그러나 벨의 글이나 논박문 등을 통해 주로 스피노자의 철학이 소개된 탓에 스피노자에 대한 정확한 이해보다는 창조적 오독이 유행하던 시기이기도 하다.

ㄱ. 범신론과 카발라주의

18세기 초에 범신론과 카발라주의라는 두 개의 새로운 해석이 나타났다. 로크의 제자였던 톨랜드John Toland가 제안한 범신론Pantheism적 해석은 신이 자연 전체와 동일하다는 학설로 이후에 스피노자의 철학을 특징짓는 말이 됐다. 카발라주의적 해석은 스피노자를 유대 신비주의 전통과 관련시켜 해석한 것이다.

ㄴ. 전투적인 익명의 스피노자 추종자

18세기 초반 50년 동안 종교에 적대적인 익명의 스피노자 추종자들이 있었다. 대표적인 문헌으로《세 명의 사기꾼에 대한 논의Traité des trois imposteurs》가 있다. 이 문헌에서는 ① 미신에 대한 투쟁, ② 성서에 대한 비판적 독해, ③ 종교 비교라는 스피노자적 주제들을 발견할 수 있다. 하지만 그렇다고 이들의 문헌이 '스피노자의 정신'[87]에 충실하다고 보기는 힘

든데, 왜냐하면 이들은 미신과 종교를 구분하지 않고 스피노자의 철학이 가진 종교적 성격을 완전히 무시함으로써 몇 가지 스피노자적 주제들을 전투적인 종교 비판에 활용하는 데 머무르고 있기 때문이다.

ㄷ. 범신론 논쟁

'범신론 논쟁Pantheismusstreit'은 레싱G. E. Lessing이 사망한 후 어떤 한 책에서 야코비F. H. Jacobi가 레싱이 자신에게 스피노자주의자라고 고백한 적이 있음을 폭로하고, 이에 멘델스존Moses Mendelssohn이 레싱은 스피노자주의자가 아니라고 답하면서 촉발됐다. 지극히 사적인 계기에서 시작된 이 논쟁은 18세기 독일의 지적 무대에 있던 거의 모든 사람이 참가할 만큼 걷잡을 수 없이 확대되었다. 이를 통해 스피노자를 다시 읽고 그의 학설을 재평가하게 되며 결과적으로 계몽주의의 종결을 가져온 논쟁으로 평가받고 있다.

(3) 19세기 — 다양한 이미지의 공존

'범신론 논쟁'을 거치면서 스피노자에 대한 또 다른 인식이 자리 잡게 된다. 특히 무신론자로서의 이미지가 걷히고 유신론적 이미지가 부각된다.

ㄱ. 독일 낭만주의자와 관념론자 ― 신에 취한 사람

낭만주의자들은 '범신론 논쟁'을 통해 스피노자에 대한 새로운 독해를 이끌어냈으며, 여기서 스피노자는 '신에 취한 사람'(괴테)으로 묘사된다. 뿐만 아니라 낭만주의자들은 '신의 지적 사랑amor Dei intellectualis'을 〈요한복음〉의 '말씀logos'과 가까운 것으로 해석했다. 심지어 괴테는 스피노자를 '가장 기독교적인 사람'으로까지 규정한다.

헤겔G. W. F. Hegel은 모든 철학이 실체에 대한 긍정에서 출발해야 하기 때문에 스피노자주의에서 출발할 수밖에 없다고 주장한다. 그러나 헤겔은 스피노자의 실체를 모든 것을 포괄하는 하나의 추상적인 개념으로 해석했고 양태들은 가상에 불과하다고 보았기 때문에, 여럿의 개별적인 것들이 스피노자의 세계 안에는 들어설 여지가 없다고 비판한다.[88]

ㄴ. 쇼펜하우어와 니체 ― 고행자로서의 스피노자

쇼펜하우어Arthur Schopenhauer는 이론적으로는 스피노자에 대해 매우 비판적이다. 특히 '원인'과 '이유'를 동일시했다는 것과 '형이상학적 낙관론'을 피력했다는 것을 비판하고 있다. 그럼에도 쇼펜하우어는 스피노자에 대한 새로운 시각을 제시함으로써 스피노자의 이미지를 변화시키는 역할을 한다. 즉 쇼펜하우어는 《지성개선론》에서 부, 명예, 쾌락을 쫓지 않고 진정한 행복을 추구하고자 하는 스피노자의 모습을 고행자로 묘사한다. 이를 통해 금욕주의자로서 스피노자의 이미지가 유행하게 된다.

니체Friedrich Nietzsche는 1881년 오버베크Fritz Overbeck에게 보내는 한 편지에서 스피노자가 자신의 선구자임을 고백한다. 어떤 의미에서 스피노자가 자신의 선구자라고 했는지는 분명하지 않지만 니체와 스피노자 간의 몇몇 유사점은 어렵지 않게 발견할 수 있다. 가령 스피노자의 '기쁨/슬픔'의 대비는 니체의 '힘에의 의지/무에의 의지'의 쌍과 유사하고, '신의 사랑'은 '운명의 사랑'과 유사하다고 할 수 있다.

ㄷ. 마르크스와 엥겔스 그리고 마르크스주의

마르크스Karl Marx는 《신성 가족Die heilige Familie》에서 스피노자를 세계를 고정된 관점에 따라 파악하는 형이상학자로 평가한다. 반면 엥겔스Friedrich Engels는 《오이겐 뒤링씨의 과학적 변혁Herrn Eugen Duhrings Umwalzung der Wissenschaft》(일명 《반뒤링론》)에서 스피노자를 '변증법의 뛰어난 대변자'로 평가한다. 이후 스피노자는 이른바 마르크스주의의 위기 상황에서 마르크스주의에 새로운 이론적 자양분을 주는 역할을 반복적으로 하게 된다. 가령 플레하노프G. V. Plehanov는 사회주의를 도덕적 태도로 전환시키려고 한 베른슈타인 Eduard Bernstein에 맞서 자연과 사회를 지배하는 법칙의 객관성을 옹호하기 위해 스피노자의 결정론적 사고를 마르크스주의에 도입한다. 또 20세기의 인물이긴 하지만 알튀세Louis Althusser는 헤겔적 마르크스주의가 지닌 목적론적 역사철학을 비판하기 위해 마찬가지로 스피노자의 철학을 원용한다.

4. 스피노자 사상의 현대적 의의는 무엇인가

스피노자 철학의 현대적 의의는 크게 존재론적·윤리적·정치철학적·종교철학적 측면에서 찾을 수 있다. 스피노자의 철학은 신에 대한 인식을 윤리 이론과 연관시키고, 다시 이것을 정치적 삶의 방식과 연계시키고 있다는 점에서 윤리적·종교적 측면은 정치철학적 측면과 밀접하게 맞닿아 있다.

먼저 스피노자의 존재론이 정신을 물질로 환원하기를 거부하는 비환원론적 존재론을 위한 발상을 제공해준다는 점을 지적할 수 있다. 잘 알려진 대로 스피노자는 동일한 실체를 보는 상이한 관점이 속성이라고 주장하며, 그래서 동일한 실체에 대해 연장되어 있다고 말할 수도 있고 생각하는 것이라고 말할 수도 있다. 현대 미국의 철학자 데이비슨Donald Davidson은 바로 '동일한 실체에 대한 상이한 관점'이라는 스피노자의 발상을 원용해 자신의 비환원적 유물론을 주장한다. 그에 따르면 동일한 사건이 정신적으로는 '고통'으로 기술될 수도 있고 물리적으로는 'C-신경섬유의 활성화'로도 기술될 수 있지만, 이 둘을 묶어 설명해줄 수 있는 법칙은 존재하지 않기에 정신과 물질은 각각 개념적으로 독자적인 영역을 구축할 수 있게 된다. 물론 데이비슨은 '동일한 사건'에 해당하는 것을 물리적인 것이라고 규정하고 있고(이런 의미에서 유물론자다), 또 물리적인 것과 정신적인 것 사이에 인과적인 상호 작용을 인정하고 있다는 점에서 스피노자와는 차이점을 보인다. 그럼에도 동일한 사건을 기술하는 상이한 개념틀을 통해 환원적 존재론을 거부하는 데이비슨의 발상은 속성의 환원 불가능성이라는 스피노자의 발상을 원용한 것이라고 말할 수 있다.[89]

다음으로 스피노자의 친환경적인 윤리에서 그의 사상의 현대성을 발견할 수 있다. 제1부 부록에서 보았듯이 스피노자는 목적론을 철저하게 비판한다. 신이 인간 이외의 피조물들을 인간을 위해 만들었다고 생각하는 사고방식인 목적론은 인간중심주의를 깔고 있으며, 자연을 인간의 목적을 위한 수단으로 간주한다는 점에서 자연의 도구화로 이어진다고 스피노자는 보고 있다(《에티카》, 제1부 부록 참조). 게다가 스피노자는 "실재성은 완전성이다"라는 주장을 통해 자연의 존재하는 모든 것들이 없지 않고 있는 한 완전하다는 주장을 한다(《에티카》, 제4부 서문 참조). 이는 인간과 여타의 자연물들의 존재론적 평등을 선언하는 것이라고 할 수 있으며, 이런 맥락에서 스피노자의 주장을 인간중심주의에 바탕을 둔,

자연 파괴의 위험을 경고하는 친환경적인 윤리로 읽어낼 수 있다. 사실 이 점에서 네스Arne Naess와 같은 환경철학자는 자신의 심층생태학의 이론적 원천으로 스피노자의 철학을 끌어오고 있다.[90]

스피노자의 철학은 인간과 생태계의 관계에 대해서뿐만 아니라 바람직한 삶의 방식이 무엇인지에 대한 통찰 역시 제공해준다. 철학사에서는 어떤 행위가 바람직한 것인가라는 문제와 관련하여 이타주의와 이기주의라는 두 입장이 제시되었는데, 스피노자는 자기 보존 욕구를 행위의 동기로 지적할 뿐만 아니라 자기에게 유익한 것을 선〔좋은 것〕으로 규정하고 해로운 것을 악〔나쁜 것〕으로 규정한다는 점에서 흔히 이기주의를 옹호하는 인물로 해석되곤 한다. 그러나 여기서 주의해야 할 것은 이성의 명령에 따라 사는 사람의 경우 반드시 자기 자신의 선〔좋음〕에 대한 욕망과 함께 다른 사람의 선〔좋음〕에 대한 욕망이 행위 동기로 작용한다고 스피노자가 주장한다는 점이다(《에티카》, 제4부 정리 37과 증명 및 주석 참조). 이를 통해 볼 때 스피노자는, 자기 마음이 편치 않을까 봐 걸인을 도와주는 행위에서 볼 수 있듯, 이타적 행위가 실은 이기적 동기를 숨기고 있기에 이타적 행위는 불가능하다고 주장하는 심리적 이기주의자가 아닐 뿐만 아니라 자기 자신의 이익을 증진시키는 것만이 인간의 유일한 도덕적 의무라고 주장하는 윤리적 이기주의자도 아님을 알 수 있다. 그렇다고 스피노자를 자신의 이익과 유용성을 타인을 위해 희생할 것을 강요하는 이타주의자라고 볼 수도 없는데, 왜냐하면 이처럼 자기 이익을 희생시키는 이타주의는 자신에게 이로운 것을 선한 것으로 평가하고 그렇지 못한 것을 악한 것으로 평가하는 인간의 본성적인 경향에 비추어볼 때 너무나 비합리적인 행위이기 때문이다. 따라서 비록 그 타당성과 설득력 여부에 대해 좀 더 치밀한 분석과 평가가 이루어져야 하겠지만, 스피노자가 이타주의와 이기주의의 양자택일을 넘어서는 제3의 윤리를 모색하고 있다는 점은 분명한 사실이라고 할 수 있다.[91]

이기주의와 이타주의의 이분법을 거부하는 스피노자의 윤리설은 정치철학 분야의 새로운 발상들로 이어진다. 아리스토텔레스 이래로 인간은 사회적 혹은 정치적 동물로 정의되었다. 그러나 정치적 공동체의 일원으로서 인간의 출현을 설명하는 과정에서 홉스Thomas Hobbes 같은 정치 철학자는 만인이 만인에 대해 투쟁하는 '정글의 법칙'이 자연 상태를 지배한다고 보았고, 이에 다수의 사람들이 자신들의 자연권을 절대적인 통치자에게 양도하는 사회 계약의 과정을 통해 자연권이 법질서에 기반한 시민권으로 대체됨으로써 정치적 공동체가 출현할 수 있었다는 가설을 세웠다. 스피노자 역시 《에티카》에서 수동적인 정서의 영향을 받는 대부분의 사람들은 더 커다란 피해에 대한 두려움 때문에 그들에게 주어진 자연권 중 일부를 포기할 것이라고 주장(《에티카》, 제4부 정리 37 주석 2)하면서 홉스와 유사점을 보이지만 홉스와는 달리 자연권과 시민권의 분리를 거부한다.[92]

　자연권jus naturale과 시민권jus civitatis이 분리 불가능하다는 스피노자의 주장은 중요한 정치(철)학적 함축을 지니는데, 세계사 속에서 나타난 민주주의의 발전 과정을 기술하는 데 유용할 뿐만 아니라 정치·경제적 민주화라는 과제 수행을 위한 실천적 지침의 역할을 할 수 있기 때문이다. 스피노자에게 자연권이란 개체의 본질인 자기 보존의 힘의 원초적 실재성을 정치적 언어로 표현한 것[93]이며, 이런 개체의 자연권은 해당 개체의 역량이 미치는 범위까지 확장된다. 반면 시민권이란 최고 권력의 결정에 따라서, 또 최고 권력의 권위를 통해서 자신의 현재 상태를 보존하려는 모든 사람들의 자유를 의미하며(《신학-정치론》, 제16장) 대부분 법에 의해 보장된다. 그런데 서구 정치사를 보면 시민권이 자유권적 기본권, 즉 국가 권력의 간섭이나 침해를 받지 않을 권리(가령 신체의 자유, 양심의 자유, 언론·출판의 자유 등)에서 사회권적 기본권, 즉 인간다운 생활에 필요한 모든 요건을 국가에 적극 요청할 권리(가령 인간다운 생활의 보장, 근로의 권리 등)로 확장되었음을 알 수 있다. 이처럼 시민권 확장을 가능하게 한 데는 여러 요인이 있겠지만 자신들의 생존을 확보하기 위한 시민들의 투쟁이 큰 역할을 했다는 것은 잘 알려진 사실이다.

그러나 이런 시민 투쟁은 시민 상태에서 보장받으려 했던 자신들의 자연권이 위협받고 있다는 그들의 자각에 의해 가능했던 것이며, 이런 맥락에서 시민권의 확장은 자연권과 시민권의 분리 불가능성을 전제할 때 좀 더 명확하게 설명될 수 있다. 또한 자연권과 시민권의 분리 불가능성 논제는 정치·경제적 민주화를 위한 실천적 지침의 역할을 할 수 있는데, 왜냐하면 기존의 시민권을 통해 개인적 차원이나 집단적 차원에서 자연권을 보장받지 못할 가능성은 항상 존재하며, 이때 자연권은 시민들의 저항을 위한 근거로 기능할 수 있기 때문이다.

역량만큼 자연권을 가진다는 스피노자의 논제를 통치자에게 적용할 때 실질적 민주주의에 대한 스피노자의 설득력 있는 옹호를 발견하게 된다. 역량만큼 자연권을 가진다는 논제를 통치자에게 적용할 때 통치자는 신민들의 동의를 이끌어내는 자신의 역량만큼 자연권을 갖게 될 것이다. 이와 같이 역량의 현실성을 통해 자연권이 정의되기 때문에 단순히 권좌에 있다는 사실만으로 통치자가 권위를 가질 수는 없으며, 오히려 신민들의 유용성과 전체 사회의 안정을 보장해줌으로써만 통치자의 권위가 확보될 수 있음을 어렵지 않게 추론해낼 수 있다. 또 통치자가 신민들을 강압적으로 복종시키게 되면 신민들의 반발을 사 혼란을 초래해 정체가 오래 유지될 수 없기 때문에(《신학-정치론》, 제20장 3절), 결론적으로 스피노자는 신민들의 복지를 잘 보장함으로써 신민들의 마음을 지배하는 국가, 즉 민주주의 국가의 주권만이 절대적 성격을 가질 수 있다고 주장하게 된다(《신학-정치론》, 제17장 2절). 이런 주장은 오늘날에도 이른바 '전체를 위해서'라거나 '국익'이라는 이름으로 실상 국민들의 권리를 침해하고 있는 국가주의를 비판할 수 있는 이론적 근거가 될 수 있다.[94]

스피노자의 철학은 또한 종교에 대한 비판적 접근을 통해 맹목적 신앙에서 벗어날 수 있게 해준다. 스피노자는 신의 본성에 대한 오해[95]가 인간 본성의 결함을 비방하고(《에티카》, 제3부 서문) 슬픔을 찬양하며 기쁨을 증오하는 미신적 태도로 연결된다고 본다(《에티카》, 제4부 부록). 이런 스피노자의 분석은 더 이상 목적론적 관점에서 신을 보지 말고 인간의 힘을 위축시키는 정서들(가령 공포나 슬픔)에서 벗어나 자신의 존재를 긍정하고 기쁨을 추구하라는 '기쁨의 윤리학'을 대안으로 내놓게 한다. 물론 스피노자의 신관은 엄밀한 의미에서 더 이상 인간과 신 사이의 인격적이고 정서적인 소통을 허용하지 않기에, 스피노자의 신은 '아브라함과 야곱과 이사악의 하느님'이 아니라 '철학자의 신'에 불과하다는 비난을 할 수도 있다. 그러나 기복적이고 보수적인 신앙이 지배하는 국내의 분위기나 일본처럼 보수적인 신앙이 국가주의와 결합되고 있는 국외의 상황에서 스피노자의 철학은 분명 종교와 관련된 많은 시사점뿐만 아니라 종교에 대한 건전한 비판의 근거 역시 제공할 수 있을 것이다.

더 나아가 스피노자의 종교 비판은 이성과 신앙의 관계에 대한 새로운 통찰을 우리에게 줄 수 있다. 스피노자는 신앙과 관련하여 최선의 논증을 통해 최선의 신앙을 입증할 수 있다고 주장하는 합리주의자가 아니다. 왜냐하면 그에게 신앙은 이론의 문제가 아닌 실천의 문제, 좀 더 정확히 말해 경건한 삶의 문제이기 때문이다(《신학-정치론》, 제14장). 그렇다고 스피노자가 신앙을 위해 이성을 희생시킬 것을 주장하는 신앙주의자라고도 할 수 없다. 왜냐하면 종교적 가르침을 파악하기 위해서라도 이성은 반드시 필요하기 때문이다(《신학-정치론》, 제15장의 알파카에 대한 비판 참조). 이처럼 합리주의와 신앙주의라는 양 극단을 피하고 신앙의 특수성을 강조하는 스피노자의 주장은 이성과 신앙의 관계에 대한 제3의 대안적 사고를 가능케 하는 통찰을 줄 수 있다.

스피노자의 인간관 역시 간과할 수 없는 현재성을 지니고 있다. 철학사에서 이른바 합리주의자로 분류되는 스피노자는 역설적이게도 '이성'이 아니라 '욕망'이 인간의 본질이라고 주장한다. 자기 보존의 힘이 신체와 정신 모두에 관계될 때 이를 스피노자가 '욕망'이라고 부른다는 점을 감안한다면 이런 주장은 다른 합리주의자와 달리 인간을 정신과 신체로 이루어진 하나의 통일적 존재로 보았음을 말해준다. 또한 스피노자는 정서의 적극적인 윤리적 역할("정서는 그것에 대립되면서 그것보다 더 강한 정서에 의해서만 제어될 수 있다",《에티카》, 제4부 정리 7)을 강조함으로써 인간의 불행과 고통에 대한 좀 더 현실적인 진단과 처방을 가능케 한다. 이 같은 스피노자의 인간관은 이성에 대한 맹신이 비판받고 있는 21세기에 대안적 인간관과 윤리를 위한 하나의 모델을 제시해줄 수 있다.

1 스피노자Benedictus de Spinoza는 초자연적 상벌 개념에 대해 상벌 은 자연적인 것이라는 견해를 피력하고 그 대안을 제시한다. 최근 대형 교회의 한 목사가 인도네시아 아체에서 일어난 지진 해일 피해 를 그곳에서 일어난 이슬람 세력의 기독교도 살해에 대한 신의 응 징이라고 설명해 물의를 빚은 적이 있는데, 이는 초자연적 상벌관을 나타내는 극단적 예라고 할 수 있다. 반면 자연적 상벌 개념은, 누군 가 남을 화나게 해서 그의 분노를 일으키는 경우에서 볼 수 있듯, 인 과 관계를 통해 행위의 과실이 해명될 수 있다고 주장한다.

2 이에 대한 상세한 논의는《에티카Ethica》와 함께《신학-정치론Trac-tatus Theologico-Politicus》을 참조해야 한다. 이에 대해서는 〈해제〉 제4장을 참조하라.

3 이 점에서 한국에 비교적 폭넓게 소개된 들뢰즈Gilles Deleuze의 스 피노자 해석에는 문제가 있다. 그는 애초부터 스피노자 철학의 종교 적 성격을 인정하지 않고 그를 무신론자로 단정하고 있기 때문이다. 들뢰즈의 논의에 대해서는《스피노자의 철학》(민음사, 1999)을 참 조하라.

4 이런 의미에서 에티카Ethica는, 외적 원인에 대한 예속에서 벗어나 는 것을 목표로 삼는다는 의미에서, 바람직한 삶의 방식에 대한 논

의라고 할 수 있다.

5 　들뢰즈는《에티카》가 정의와 공리에서 정리를 이끌어내는 엄격한 논리적 질서를 따르는 부분, 적수들에 대한 비판과 논쟁의 장소인 '서문'과 '부록'과 주석, 그리고 나름의 독특한 서술 방식을 보이는 제5부, 이렇게 세 부분으로 이루어져 있다고 본다. 제5부가 왜 별도로 다루어져야 하는가에 대한 들뢰즈의 근거가 납득하기 힘들다는 점을 빼면 나는 들뢰즈의 이런 생각에 동의한다. 이에 대해서는《스피노자의 철학》에 실린〈스피노자와 우리〉를 참조하기 바란다.

6 　가령 'adaequata'를 '타당한'이라고 번역한다든지, 'imaginatio'를 '표상'이라고 번역하는 것은 스피노자가 말하려는 원뜻을 담기 어려우며 오해의 여지가 있다. 그 이유에 대해서는〈용어 해설〉의 '적합 관념' 항목과 주 22를 참조하라.

7 　본성과 특성의 의미에 대해서는〈용어 해설〉을 참조하라.

8 　자유 원인에 대해서는〈해제〉, 특히 제1장 3절 '자유의 문제'를 참조하라.

9 　신이 필연적으로 존재한다는 것은 제1부 정리 11에서 언급되고, 신이 유일하다는 것은 정리 14의 첫 번째 따름정리에서 언급되고 있으며, 신이 자기 본성의 필연성에 의해 행위한다는 것은 정리 17에서 거론되고 있다. 또 신이 자유 원인이라는 것은 정리 17의 두 번째 따름정리에 나오고, 만물이 신에 의존한다는 주장은 정리 15에 나온다. 모든 것이 신의 절대적 본성과 힘에 의해 미리 결정되어 있다는 주장은 다소 명확하지 않지만 주로 정리 33과 그 주석에서 거론되고 있다.

10 　이에 대해서는《에티카》, 제3부와 제4부, 특히 제4부 서문에서 논의된다.

11 　이것은 제1부 정리 16과 정리 32의 따름정리 1, 2를 말하는데 다음

과 같다. 신의 본성의 필연성으로부터 무한히 많은 것들이 무한히 많은 방식으로 따라나와야 한다(정리 16). 이로부터 신은 의지의 자유에 의해 결과를 생산하지 않는다는 것이 따라나온다(따름정리 1). 두 번째 따름정리의 요점은 의지와 지성 역시 운동과 정지와 마찬가지로 신의 본성과 연관된다는 것이다. 이를 통해 스피노자는 지성과 의지 역시 자연 법칙에 의해 작동된다는 것을 말하고 있다.

12 신의 한 속성의 절대적 본성으로부터 따라나오는 모든 것은 항상 그리고 무한히 존재해야만 했다. 다시 말해 그 속성을 통해 영원하고 무한하다(정리 21). 신의 한 속성에 의해 필연적이고 또한 무한한 (것으로) 존재하는 그러한 변용으로 변용된 한에서, 신의 한 속성으로부터 따라나오는 모든 것 역시 필연적이고 또한 무한(한 것으로) 존재해야만 한다(정리 22). 필연적이고 또한 무한한 것으로 존재하는 모든 양태는 신의 어떤 속성의 절대적 본성으로부터 따라나와야 하거나 혹은 필연적이고 또한 무한한 것으로 존재하는 변용으로 변용된 어떤 속성으로부터 따라나와야 한다(정리 23).

13 이는 후기 스콜라 철학에서 사용되던 개념 구분이다. 필요의 목적 finem indigentiæ이란 가령 허기를 달래주는 밥처럼 어떤 내적 필요나 결핍을 충족시키는 목적이고, 동화의 목적finem assimilationis이란 다른 사람에게 스스로 선행을 베풂으로써 다른 사람이 자신과 비슷해지게 하려는 경우처럼 누군가가 어떤 선한 성질을 결여한 다른 것들과 선한 성질을 공유하려는 목적이다. 스피노자 연구자 게루 Martial Gueroult에 따르면 이는 네덜란드 신학자 헤레부르트Adrian Heereboord의 《철학연습Meletemata philosophica》에서 차용한 것이다.

14 '불가능한 것으로의 환원'이란 귀류법을 가리킨다. 귀류법reductio ad absurdum이란 해당 명제의 결론을 부정해 가정假定 등이 모순됨

을 보임으로써 간접적으로 그 결론이 성립함을 증명하는 방법이다.

15 스피노자는 '불구스vulgus', '플렙스plebs', '물티투도multitudo'와 같은 용어들을 체계적으로 구분해서 사용하고 있다. 이 중 '불구스'는 낮은 인식 수준에 머물러 있으면서 편견에 빠져 있는 사람들을 가리킬 때 주로 사용된다.

16 칭찬과 비난에 대해서는 제3부 정리 29의 주석에서 설명하고 있고, 죄와 벌에 대해서는 제4부 정리 37의 두 번째 주석에서 언급하고 있다.

17 원어 "suo quemque sensu abundare"를 직역한 것이다. 컬리Edwin Curley는 "모든 이는 자신의 판단이 충분하다고 생각한다"로, 셜리 Samuel Sherly는 "모든 이는 자신의 판단에서 봤을 때는 현명하다"로 해석하고 있다. 이를 참조해 이 격언을 '모든 사람이 각자 나름의 기준에 따라 판단한다'는 뜻으로 이해할 수도 있다.

18 제2부 정리 48과 증명은 다음과 같다. 정신 안에 절대적 혹은 자유로운 의지란 없다. 하지만 정신은 하나의 원인에 의해 이것 혹은 저것을 원하도록 규정되고, 이것은 다시 또 다른 것{원인}에 의해 규정되며, 다시 이것은 또 다른 것에 의해 규정되는 식으로 무한히 {계속된다}. (증명) 정신은 어떤 규정된 인식의 방식이며(이 부{제2부}의 정리 11에 의해), 따라서 (제1부 정리 17의 두 번째 따름정리에 의해) 정신 작용들의 자유 원인일 수 없거나 혹은 원하거나 원치 않는 절대적인 능력을 가질 수 없다. 그러나 (제1부 정리 28에 의해) 하나의 원인에 의해 이것 혹은 저것을 원하도록 규정되어야 하며, 이는 다시 또 다른 것에 의해 규정되어야 하고, 다시 이는 또 다른 것 등에 의해 {규정되어야 한다}. Q.E.D.

19 Q.E.D는 'Quod Erat Demonstrandum'의 약어다. 이는 수학에서 증명이 완료될 때 쓰이는 관용적 표현으로 '이 점이 증명되어야 할 것

이었다'라는 뜻이다. 잘 알려진 대로 스피노자의《에티카》는 기하학
적 방식으로 서술되고 있기 때문에 이 밖에도 정의, 공리, 정리, 따름
정리, 보조 정리 등과 같은 기하학의 용어들이 자주 등장한다.

20 이것은 판단에 개입하는 의지를 일컫는다. 데카르트René Descartes
는 제4성찰에서 지성과 의지를 그 자체로 따로 떼어놓고 보면 완전
하지만 판단 속에서 그 둘이 결합하는 과정에서 오류가 발생할 수
있다고 말한다. 즉 지성이 이해하지 못하는 것을 의지가 긍정함으로
써 오류가 일어날 수 있다는 것이다.

21 제2부 정리 35를 가리킨다. "허위는 부적합한, 다시 말해 단편적이
고 혼동된 관념들이 포함하는 인식의 결핍에서 성립한다."

22 사물의 상imago rei이란 외물을 현존하는 것으로 떠올리는 인간 신
체의 상태, 좀 더 정확히는 두뇌의 상태에 상응하는 것이다. 상상
imaginatio이란 이런 신체 상태의 관념을 가리킨다(제2부 정리 17의
주석 참조).

23 가령 유니콘이나 도깨비 등을 예로 들 수 있다.

24 이는 관념의 기원 및 본성과 관련한 기존의 이해 방식에 대한 스피
노자의 비판을 요약해주는 표현이다. 특히 관념을 외부 대상에서 유
래한 것으로 보는 경험론적 입장을 비판하고 있는 것이라고 볼 수
있다. 스피노자는 관념을 '정신의 개념mentis conceptus'으로 정의
하면서(제2부 정의 3) 관념과 정신 혹은 지성의 능동성을 연관시키
고 있다.

25 가령 위급한 상황을 목격하고 나서 '나는 괜찮다'고 마음속으로 말
해보지만 등줄기에서 땀이 나고 가슴이 두근거리는 경우가 이에 해
당한다.

26 이는 데카르트에 대한 논박이라고 볼 수 있다. 지성의 유한성과 의
지의 무한성에 대해서는 데카르트의《제1철학에 관한 성찰Medi-

tationes de Prima Philosophia》(이하《성찰》), 제4부와《철학의 원리
Principia Philosophiae》, 제1부 35를 참조하라.

27 '뷰리당의 암나귀'는 양편에 같은 양과 질의 건초더미를 두고 어떤
    것을 선택할지 결정하지 못해 굶어죽게 되는 당나귀의 상황을 빗댄
    것으로, 14세기의 프랑스 철학자 뷰리당Buridan이 이 예를 사용했
    다고 해서 이렇게 불리고 있다. 여기서 '평형 상태'란 양편에 같은 거
    리만큼 떨어져 있는 건초더미가 같은 양과 질의 것이기 때문에 어떤
    하나를 결정적으로 선택하지 못하는 상태를 가리킨다.
    그러나 상당수의 고대 철학자와 중세 철학자에 따르면 뷰리당은 이
    런 예를 언급한 적이 없으며, 이는 오히려 아리스토텔레스의《천체
    론*De Caelo*》, 295b에 나오는 예와 유사하다고 한다.

28 여기서 스피노자는 의지에 대한 추상적 설명방식을 비판하고 있다.
    의지에 대한 추상적 설명방식이란 개개의 의지작용들을 포괄하는
    보편적인 능력으로 의지를 파악하는 것으로, 이를 통해 의지volun-
    tas는 여타의 정신 능력 위에 군림하는 절대적 능력으로 여겨지게
    된다. 그러나 스피노자는 의지를 지성에 의해 파악된 내용을 긍정하
    거나 부정하는 개개의 의지작용들volitiones로 이해한다. 따라서 판
    단 속에서 의지작용과 지성이 분리불가능하다고 본다. 이런 맥락에
    서 스피노자는 의지에 대한 추상적 설명방식이 지성과 의지작용 간
    의 분리불가능성 및 상호연관성을 은폐하고 의지를 특권화하는 결
    과를 낳는다는 문제점을 지적하고 있다고 할 수 있다.

29 제4부 서문에서 스피노자는 예속을 "정서들을 제어하고 통제하는
    데 있어서의 인간의 무능력"으로 정의하고 있다. 이에 의거해볼 때
    '최고의 예속'이란 수동적인 정서 혹은 정념에 극단적으로 사로잡힌
    상태라고 할 수 있다. 특히 이는 금욕주의적 정서, 죄책감 같은 정
    서와 관련된다. 지복과 덕과의 올바른 관계에 대해서는 제5부 정리

42와 주석을 참조하라.

30 운명의 양쪽 면이란 행운과 불운을 말한다. 사람들은 전자는 기대하겠지만 후자는 참고 인내하게 될 것이다.

31 제4부 정리 35 이하를 가리킨다.

32 이는 인간의 특권적 지위를 표현한 말이다. 즉 자연의 일부인 인간이 자연을 지배하는 자연 법칙에서 벗어나 절대적인 자유(의지)를 누릴 수 있다고 보는 관점을 말한다. 본문에서 드러나듯 스피노자는 이런 관점을 배격한다. 이와 같은 표현은《신학-정치론》, 제17장과 《정치론Tractatus Politicus》, 제2장 6절에도 나온다.

33 virtus는 윤리학적 맥락에서 흔히 '덕'으로 번역되지만 여기서는 자연이 소유한 힘이라는 의미이므로 '힘'으로 옮겼다. 그러나 이렇게 되면 마찬가지로 '힘'으로 번역되는 'vis'와 구별되지 않는 문제가 생기게 된다. 하지만 virtus와 vis가 이 문맥에서는 큰 차이가 없기 때문에 둘 다 '힘'이라고 옮겼으며, 단 용어상의 차이를 분명히 하기 위해 원어를 병기했다.

34 운명의 정의에 대해서는 제2부 정리 49의 따름정리의 주석, 특히 후반부를 참조하라.

35 이와 유사한 표현은 제4부 정리 17의 주석에서도 발견된다. "video meliora, proboque deteriora sequor"(나는 더 좋은 것을 보고 승인하지만 더 나쁜 것을 따른다). 이는 오비디우스의《변신Metamorphoses》, 제7부, 20에서 따온 것이다.

36 제1부 정리 16은 다음과 같다. "신의 본성의 필연성에서 무한히 많은 것들(다시 말해 무한 지성 하에 포섭될 수 있는 모든 것)이 무한히 많은 방식으로 따라나와야 한다."

37 스피노자는 여기서 '완전성 혹은 실재성의 변화'라는 말을 오해해선 안 된다는 점을 지적하고 있다. 즉 완전성 혹은 실재성의 변화는

말이 사람으로 변한다거나 말이 벌레로 변하는 것처럼 완전히 본성과 형태가 뒤바뀌는 변신이 아니다. 스피노자는 이런 관점을 비합리적인 신화적 관점으로 배격하는데, 이는 말의 본성과 사람의 본성을 혼동하고 있기 때문이다.

오히려 스피노자는 '더 작은 완전성에서 더 큰 완전성으로의 이행'을 존재의 작용하는 역량의 증감으로 이해하고 있는데, 왜냐하면 완전성은 실재성과 동일한 것이고, 실재성은 결과를 생산하는 한에서 모든 존재하는 것의 본질이며, 이는 '작용하는 역량'과 같은 것이기 때문이다.

38 속성의 의미에 대해서는 용어 해설을 참조하라.

39 스피노자는 제3부 정리 59의 주석에서 'generositas'를 "모든 개인이, 오직 이성의 명령에 따라서, 다른 사람들을 돕고 그들을 우애로 결합시키려는 욕망"으로 정의한다. 이는 이성과 관계된 정서에서 생기는 정신의 강건함fortitudo의 일종이다.

40 제4부 정리 46과 그 주석은 각각 다음과 같다. 이성의 명령에 따라서 사는 사람은 자신에 대한 다른 이의 증오, 분노, 경멸 등에 대해 가능한 한 사랑과 관대함으로 보답하려고 노력한다.

41 "이성에 의해 인도되는 사람은 자기에게만 복종하는 고독 속에서보다는 공통의 명령에 따라 사는 국가 안에서 더 자유롭다Homo qui ratione ducitur magis in civitate ubi ex communi decreto vivit quam in solitudine ubi sibi soli obtemperat, liber est."

42 컬리는 'despondency'(낙담, 실의)로 옮겼는데, 이것이 어쩌면 원어 'abjectio'의 사전적 의미에 가깝다고 할 수 있다. 그러나 제3부 후반부에 나오는 정서의 정의 29에서 알 수 있듯이, 'abjectio'는 단순히 무언가에 실망했다는 의미가 아니라 자신의 존재 방식에 대한 평가절하라는 의미가 담겨 있기에 셸리의 번역어인 'self-abasement'와

미즈라이Robert Misrahi의 번역어인 'la dépreciation de soi'를 참조해 '자기 비하'라고 옮겼다.

43 'pietatis'는 종교적 맥락에서는 신앙심이라고 번역했고, 도덕적 맥락에서는 도의심 혹은 경건심으로 번역했다.

44 익명성이 보장되지 않는다면 사회의 전반적인 규칙을 따르지만 익명성이 보장된다면 불법적인 행위를 마다하지 않는 경우가 이에 해당한다고 할 수 있다.

45 원어인 명사 'modestia'의 사전적 의미는 '침착함'이나 '겸손함'이다. 그러나 여기서는 "사람들에게 기쁨을 주려고 하는 욕망"으로 정의되고 있을 뿐만 아니라 제3부 정서의 정의 43에서 'humanitas (친절함)'와 동의어로 제시되고 있기 때문에 컬리와 셸리를 따라 '정중함courtesy'으로 옮겼다.

46 여기서 '경탄'이란 새로운 것을 보았을 때 시선이 고정되는 현상으로 외물을 현존하는 것으로 떠올리는 상상의 일종이다(제3부 정의 4 참조). 이는 연상될 또 다른 대상이 없다는 단순한 사실만을 나타내기에, 스피노자는 이를 엄밀한 의미의 정서에 포함시키지 않는다. 왜냐하면 스피노자에게 엄밀한 의미의 정서는 욕망, 기쁨, 슬픔이라는 기본적인 정서에서 파생되기 때문이다.

47 원문은 'quantum in se est'이다. 셸리는 이것을 '자기 자신으로 존재하는 한에서insofar as it is in itself'로 번역하고 있고, 컬리는 '자신의 역량에 의해 할 수 있는 만큼as far as it can by its own power'으로 번역하고 있으며, 카유아Roland Caillois는 '자신의 존재역량에 따라 selon sa puissance d'être'로 번역하고 있다. 옮긴이는 이 문구가 개체의 자기보존의 힘conatus과 연관되며(《에티카》 3부, 정리 6), 이런 자기 보존의 힘은 다른 외부 대상과의 관계에 따라 증감함으로써 여러 정도로 표현될 수 있다는 점에 근거해 컬리의 번역을 따르고자 한

다.

48 이는 일반적으로 현재에 기쁨을 가져다주는 것(가령 돈이나 성적인 대상)이 미래에 기쁨을 가져다주리라고 예상되는 것(가령 어려운 과제의 해결)보다 더 강렬하기 때문에 선호의 대상이 된다는 사실, 그리고 현재에 기쁨을 가져다주는 것이 미래에도 그러리라는 보장은 없으며 그 역도 마찬가지라는 것을 말해준다.

49 여기서 논리학은 형식 논리학이 아니라 오히려 지성의 힘과 본성을 인식하는 방법론과 같은 것이라는 점에 주의해야 한다. 논리학과 의학의 성격과 지위에 대해서는 스피노자의 《지성개선론Tractatus de Intellectus Emendatione》, 14, 15, 16절에 좀 더 상세히 나와 있다.

50 데카르트는 《정념론Les Passions de l'âme》, 제1부 50절에서 동물도 인간처럼 정념을 가지며, 그 작동 방식이 인간과 유사하기 때문에 훈련을 통해 정념을 통제할 수 있다고 주장한다.

51 동물 정기란 아주 미세한 공기와 같은 것으로 끊임없이 다량으로 심장에서 뇌로 올라가 신경을 거쳐 근육으로 들어가 신체의 모든 부분에 운동을 전달해주는 역할을 한다. 이는 근대에 인간 신체의 작동 메커니즘을 설명하기 위해 사용된 핵심 개념이었다.

52 《정념론》 제1부 50절의 제목은 "인도를 잘 받으면 자신의 정념에 대해 절대권을 획득할 수 없을 만큼 그렇게 약한 정신은 없다는 것"이다. 여기서 데카르트는 "아무리 약한 정신의 소유자라 하더라도 그들을 훈련하고 지도하는 데 충분히 노력한다면 그들의 모든 정념에 대한 절대적인 지배권을 얻을 수 있다"고 주장하고 있다.

53 데카르트의 정념의 정의를 온전하게 인용하면 다음과 같다. "정념은 정신과 관계되며, 또 정기의 어떤 운동에 의해 기인되고 유지되고 강화되는 것으로서의 지각이나 느낌, 또는 감동이라고 일반적으로 정의할 수 있을 것으로 보인다."

54 여기서 '정신의 인식'이란 정신에 대한 인식인 동시에 정신의 힘에 대한 인식이다.

55 정리 17의 따름정리에 대한 증명은 자유 원인의 개념에 대해 많은 시사점을 준다. "두 번째로 신만이 자유 원인이라는 것이 따라나온다. 왜냐하면 신만이 자기 본성의 필연성으로부터 존재하고(제1부 정리 11과 14의 따름정리) 또한 자기 본성의 필연성으로부터 작용하기 때문이다(제1부 정리 17). 따라서 신만이 자유 원인이다(제1부 정의 7)(강조는 옮긴이). 스피노자는 여기서 신이 자유 원인이라는 주장에 대한 근거로 ① 자기 본성의 필연성으로부터 존재한다는 것과 ② 자기 본성의 필연성으로부터 활동한다는 것을 제시하고 있다. 여기서 핵심 구절인 '자기 본성의 필연성으로부터 존재하고 작용한다'는 말의 의미는 제1부 정리 31의 주석에서 나타나 있다. 거기서 스피노자는 사물의 본질에 의한 필연성과 그것의 원인에 의한 필연성을 구별하고, 전자를 "한 사물의 존재가 그것의 본질 혹은 정의로부터 필연적으로 따라나오는" 경우라고 설명하고, 후자를 "그것의 존재가 주어진 하나의 작용인으로부터 따라나오는" 경우라고 설명한다. 가령 전자는 마치 삼각형의 본성으로부터 내각의 합이 이직각이라는 결론이 반드시 따라나오듯이 신의 본성으로부터 그의 존재가 필연적으로 도출된다는 것이고, 후자는 부모로부터 생물학적 메커니즘에 의해 자식이 태어나듯이 또 다른 어떤 것에 의해 하나의 사물이나 사건이 반드시 발생한다는 것이다. 프랑스의 스피노자 연구자 리보 Albert Rivaud가 지적하듯이 이런 필연성의 두 형태는 신에게서는 일치되지만 신이 다른 어떤 것에도 의존하지 않는 자립적인 실체인 까닭에(제1부 정리 14) 원인에 의한 필연성은 외부 작용인의 영향을 배제하는 자기 원인의 필연성으로 변형된다. 자유 원인에 대한 이러한 논의에서 두 가지 결론을 이끌어낼 수 있다. 하나는 신의 자유 원

인성에서 '자유'란 결코 인과적 필연성에 배치되는 것이 아니기에 인과적 필연으로부터의 자유라고 말할 수 없다는 것이고, 다른 하나는 자유 원인으로서의 신은 외적인 작용인을 배제하는 자기 원인이기에 외적 강제로부터 자유롭다는 것이다.

56 물론 동전의 앞면과 뒷면 모두 물질적인 것이라는 점에서 이 유비는 오해의 여지가 있다. 보다 정확히, 수학책에 잉크로 그려진 원과 그 원에 대한 수학적 관념인 '$X^2+Y^2=1$'을 예로 들 수 있다. 《에티카》, 제2부 정리 7의 주석을 참조하라.

57 여기서 슬픔이 왜 명석판명한 정신의 인식을 방해하는지의 문제가 제기될 수 있다. 정서는 "신체의 활동하는 힘을 증가시키거나 감소시키는……신체의 상태affections인 동시에 그런 상태의 관념"으로 정의된다. 슬픔은 신체의 활동하는 힘을 감소시키는 신체의 상태인 동시에 그런 상태의 관념이며, 병행론에 의거해 "우리 신체의 활동하는 힘을 증대시키거나 감소시키는 것은……우리의 사유하는 힘을 증대시키거나 감소시킬 수 있기 때문에"(제3부 정리 11) 슬픔은 정신의 인식 능력을 떨어뜨리게 되는 것이다.

58 목적인은 흔히 무엇을 위해서라는 질문에 대해 답을 주는 것이다. 가령 '당신은 무엇을 위해 밥을 먹습니까'라는 질문에 대해 '살기 위해서'라고 답한다면 생명 유지가 식사의 목적인이 된다.

59 그럼에도 스피노자의 목적론 비판이 모든 종류의 목적론에 대한 비판인지 아니면 특정한 종류의 목적론에 대한 비판인지는 논란의 여지가 있다. 가령 스피노자 연구자 컬리나 가렛Don Garrett의 경우, 스피노자는 신에 대한 목적론만을 비판할 뿐 인간의 행위에 대해서는 목적론적인 설명을 하고 있다고 해석한다. 반면 들뢰즈나 마트롱Alexandre Matheron, 모로P. F. Moreau 등은 스피노자가 모든 형태의 목적론을 비판하는 것으로 해석하고 있다. 앙드레 토젤André

Tosel의 경우 다른 프랑스 해석가들과 달리 독특하게 스피노자가 '내재적 목적'을 인정하는 것으로 해석하고 있다.

60 이런 사고방식은 인간이 겪는 고통에 대한 변신론적 설명의 기반이 된다고 할 수 있다. 변신론神論이란 '신은 전능하고 선하다'는 명제와 '신이 창조한 이 세계에 악과 고통이 존재한다'는 명제가 어떻게 조화될 수 있는가를 논하는 신학적 논의를 일컫는다. 특히, 라이프니츠G. W. Leibniz가 체계화한 변신론에서는 인간이 겪는 고통과 죽음(물리적 악)을 인간의 죄(도덕적 악)와 연관시켜 설명하고 있다. 그러나 이렇게 되면 순진무구한 어린이들의 죽음이나 사악한 이들의 번성을 어떻게 해명해야 하는가라는 문제에 직면하게 되며, 이런 문제에 대해 라이프니츠는 더 큰 질서를 낳기 위해 부분적인 무질서, 즉 악이 필요하다고 답한다(《변신론Thédicée》, 145절). 다시 말해, 라이프니츠는 인간이 알 수 없는 신의 섭리라는 목적론에 근거해 악의 존재를 정당화하고 있다고 할 수 있다. 스피노자의 목적론 비판과 선과 악의 상대성 논제는 이와 같은 변신론에 대한 강력한 비판을 함축하고 있다. 라이프니츠의 변신론에 대해서는 *Theodicy : Essays on the Goodness of God the Freedom of Man and the Origin of Evil*(Open Court Publishing Company, 1985)을 참조하라.

61 스피노자의 논의는 여기서 끝나지 않고 '필요의 목적'과 '동화의 목적'을 구분함으로써 이런 비판에 대해 반론을 펴려는 전통적 신학자들의 주장에 대한 검토로 이어지고 있다. 이런 반론에 대한 스피노자의 재반론의 요점은 이 둘을 구분한다고 하더라도 창조 이전에 신은 자신의 목적을 실현할 수단들을 결여하고 있다고 볼 수밖에 없다는 것이다.

62 "선과 악의 인식은 우리가 그것을 의식하는 한에서의 기쁨이나 슬픔의 정서와 다르지 않다Cognitio boni et mali nihil aliud est quam

lætitiœ vel tristitiœ affectus quatenus ejus sumus conscii."(제4부 정리 8)

63 스피노자는 제3부 서문에서는 정서를 나머지 자연 현상과 마찬가지로 자연 법칙에 지배되는 것으로 다루어야 하며, 정서의 발생에 대해 기하학적인 방식으로 서술할 필요가 있음을 역설하고 있다.

64 스피노자는 《에티카》에서 자신이 누구를 표적으로 삼고 있는지 명확하게 언급하지 않고 있다. 그러나 그가 데카르트를 비판하고 있음은 그의 논의를 통해 충분히 추론할 수 있다.

65 여기서 지성과 의지의 동일성이란 판단에서 지성과 의지의 분리 불가능성과 일체성을 의미한다.

66 이는 확실한 진리를 발견하기 위해 데카르트가 채택하는 회의의 방법에 대한 거부를 함축한다. 왜냐하면 데카르트는 회의의 방법을 사용하는 과정에서 참된 관념의 확실성을 의심 가능하다고 보기 때문이다. 가령 데카르트는 '2+2=4'라는 수학적 명제가 참이라는 사실을 우리의 믿음을 체계적으로 왜곡할 수 있는 '악한 신의 가설'에 의거해 의심하고 있다.

67 사물의 상은 망막에 맺힌 상과 유사하다는 의미에서 신체의 질서에 속한다는 것을 쉽게 알 수 있지만 어떤 의미에서 말verba이 신체의 질서에 속하는지에 대해 스피노자는 자세히 설명하고 있지 않다. 이에 대한 좀 더 상세한 이해를 원하는 독자는 보베Laurent Bove의 논문 〈스피노자의 언어 이론La théorie du langage chez Spinoza〉이나 세이번David Savan의 논문 〈스피노자와 언어Spinoza and Language〉를 참조하기 바란다. 앞의 논문은 《철학 교육L'Enseignement philosophique》, 41e annee, n°4(Paris, mars-avril 1991)에 수록되어 있고, 뒤의 논문은 그린Marjorie Greene이 편집한 《스피노자 : 비판적 논문 모음Spinoza. A collection of critical Essays》(Univ. of

Notre Dame Press (Ind.), 2nd ed., 1979)에 수록되어 있다. 이중 보
베의 논문은 http://hyperspinoza.caute. lautre.net/article.php3?id_
article=1575에서 볼 수 있다.

68 "내 안에서 그보다 더 큰 것의 관념을 포착할 수 없을 정도로 큰 것
으로 경험하는 것은 오직 의지, 즉 자유 의지뿐이다. 그러므로 내가
이른바 신의 형상과 유사한 모습을 지니고 있다는 것을 알게 되는
것도 주로 의지다."《성찰》, 제4부를 참조하라.

69 《지성개선론》, 76절에서 스피노자는 어떤 것을 '추상적으로' 파악
한다는 것에 대해 다음처럼 말하고 있다. "어떤 것이, 모든 보편자
처럼, 추상적으로 파악될 때 지성 안에서 항상 그들의 개별자들은
실제로 자연 안에서 존재할 수 있는 것보다 [외연이] 더 넓게 파악
된다. 게다가 자연 안에는 대개 지성[의 지각 능력]에서 벗어날 만
큼 그들의 차이가 크지 않은 많은 것들이 있기 때문에, (만약 그것들
이 추상적으로 파악된다면) 그들이 혼동되는 일이 쉽게 일어날 수 있
다." 이를 참고할 때, 의지를 추상적으로 파악한다는 것은 지성과 밀
접하게 연관된 개개의 의지작용들 사이의 차이를 무시하고 '의지'라
는 일반 개념 아래 그것들을 뭉뚱그려 이해함을 의미한다고 볼 수
있다.

70 이는 반 퍼슨Cornelis Anthonie van Peursen의《몸, 영혼, 정신》[손
봉호 옮김(서광사, 1985)]에 바탕을 둔 해석이다. 특히 플라톤과 아
리스토텔레스에 대해 논하는 제3장과 제9장을 참조했다.

71 물론 이는 국가에서 제정된 법의 절대성을 주장하는 법률주의를 함
축하지 않는다. 오히려 유비의 초점은 자연 법칙의 보편적 필연성에
맞춰져야 한다. 자유 의지에 대한 비판은 제1부 부록과 이에 관한
해제를 참조하라.

72 이는 스피노자의 병행론에 의거한 것이다. 병행론에 따르면, 연장이

나 사유와 같은 실체의 속성들은 각각 자율적인 원리에 따라 작동하기 때문에 하나가 다른 하나로 환원될 수 없다. 다시 말해 속성들은 서로 동등하며 서로에 대해 자율성을 갖고 있다. 병행론에 대해서는 〈해제〉 제1장과 제2부와 제5부에 대한 해제를 참조하라.

73 이는 이른바 '포르피리우스의 나무'라고 불리는 존재의 위계를 생각하면 쉽게 이해할 수 있다. "실체는 그 자체 하나의 유이고, 이 아래에는 물체가 있다. 그리고 물체 아래에는 생명체가 있고, 이 아래에는 동물이 있다. 동물 아래에는 이성적 동물이 있고, 이 아래에는 인간이 있다. 인간 아래에는 소크라테스와 플라톤과 개별적인 사람들이 있다".[포르피리오스Porphyrios, "아리스토텔레스의 범주론 입문Isagoge", Stefan Weinstock(ed.), *Catalogus Codicum astrologorum Graecorum*, Franz Cumon(ed.)(Brussels, 1940) : V. 4, 187~228].

74 제2부 정리 49 주석의 '관념들과 말들의 혼동'과 관련된 부분을 참조하기 바란다.

75 "우리 안에서나 우리 밖에서 우리를 적합 원인으로 하는 것, 즉 앞선 정의를 통해 우리의 본성을 통해서만 명석판명하게 파악될 수 있는 어떤 것이 우리 안에서나 우리 밖에서 일어날 때 나는 그것을 작용한다고 부른다. 반대로 우리가 단지 그것의 부분적 원인인 어떤 것이 우리 안에서 일어나거나 우리의 본성으로부터 따라나올 때 나는 그것을 수동이라고 부른다."

76 이는 슬픔에 대한 스피노자의 정의에 따른 것이다. "슬픔은 더 큰 〔완전성〕에서 더 작은 완전성으로의 인간의 이행이다Tristitia est hominis transitio a majore ad minorem perfectionem." 여기서 '완전성'이란 앞서 언급했듯 '실재성realitas'과 동일한 것이며 이는 다시 개체에게 주어진 자기 보존의 힘으로서의 욕구와 같은 것이다.

77 스토아주의자들이 모두 동일한 의미의 아파테이아를 주장한 것은

아니다. 초기 스토아주의자들은 정념이 없는 상태라는 강한 의미의 아파테이아를 주장했던 반면 후기 스토아주의자들은 좀 더 약한 의미의 아파테이아를 주장했다. 그러나 그들 모두는 의지를 통한 완전히 자기 충족적self-sufficient 행위의 가능성을 인정한다는 점에서 공통점이 있다.

78 좀 더 정확하게 말하면 신은 다른 어떤 것에도 의존하지 않는다는 의미에서 완전한 의미의 실체, 즉 무한 실체로 간주되고 정신이나 물체는 그렇지 못하다는 점에서 유한 실체로 간주된다. 가령 육체를 가지고 있는 인간은 부모에게서 태어나고 살아가기 위해 외부의 영양분과 재화들을 계속 섭취하고 소비할 필요가 있다는 점에서 자기 이외의 수많은 존재들에 의존하는 유한 실체라고 할 수 있다. 이에 대한 좀 더 구체적인 내용에 대해서는 〈용어 해설〉에 나오는 '실체' 항목을 참조하기 바란다.

79 정서로 번역되는 영어 'emotion'은 불어 'émotion'에서 왔고, 이는 다시 라틴어 'emouere'(원래 자리에서 어떤 것을 움직이게 하다)에서 유래했다. 어원의 이 같은 흐름은 '정서'를 정신의 동요 내지 흥분 상태와 연관시켜 이해했음을 보여준다. 물론 데카르트는 이런 정념이 모두 나쁘다고 말하지 않는다. 외부 대상이 아니라 정신에서 유래하는 관대함 같은 내적 동요émotions intérieures의 경우(《정념론》, 161절) 능동적이며 인간에게 유용하다는 점을 인정한다.

80 데카르트는 '정신과 신체의 연합'이라는 관념이 기초적인 관념들 notions primitives 중 하나이며 이것이 감각을 통해 우리에게 알려질 수 있다고 주장한다(〈엘리자베스에게 보내는 1643년 5월 21일, 6월 28일 서한Correspondence avec Elisabeth, Descartesà Elisabeth, Egmond du Hoef, 21 mai et 28 juin 1643〉). 스피노자는 여기서 이런 주장의 이론적 타당성에 대해 문제를 제기하고 있다고 할 수 있다.

81 데카르트의 이와 같은 주장을 발전시킨 인물이 말브랑슈Nicolas Malebranche다. 그는 정신과 신체의 상호 작용을 신이 주재한다고 주장하는 학설인 이른바 기회원인론occasionalism을 주장했다.

82 여기서 데카르트와 스피노자의 의지 개념의 차이가 확연히 드러난다. 데카르트는 의지를 판단에 개입하는 긍정과 부정처럼 순전히 정신적인 행위와 산책하고 싶은 사람의 다리를 움직이게 하는 의욕처럼 육체에 영향을 끼치는 의지로 구분한다(《정념론》, 18절). 반면 스피노자는 의지를 "정신이 참인 것과 거짓인 것을 긍정하게 하거나 부정하게 하는 능력"(《에티카》, 제2부 정리 48 주석)으로 이해하지 "그것을 통해 정신이 사물을 바라거나 혐오하는 욕구로 이해하지 않는다"(《에티카》, 제2부 정리 48 주석)고 말하고 있다. 다시 말해 스피노자는 판단의 내용을 긍정하거나 부정하는 능력만을 의지로 이해하고 있다.

83 스피노자는 제3부 정리 59의 주석에서 용기animositas를 다음처럼 정의하고 있다. "나는 용기를 모든 개인이 이성의 명령에 따라서만 그 자신의 존재를 보존하려고 노력하게 하는 욕망으로 정의한다."

84 그러나 미국의 철학자 베넷Jonathan Bennett은 힘이 자연 안에 골고루 퍼져 있다는 스피노자의 생각이 장 역학Field Mechanics을 예비한 것으로 해석하고 있다. 베넷의 주장에 대해서는 쉬베von Martin Schewe 외 2인이 편집한《스피노자Spinoza》(Frankfurt am Maina : von Alphons Silbermann, 1990)에 수록된 베넷의 논문 〈스피노자의 장 형이상학Spinoza's Field Metaphysics〉을 참조하라. 한편 미국의 신경생리학자 다마지오Antonio Damasio는 스피노자의 정서 이론과 심리 이론이 오늘날의 신경생리학 이론과 연관될 수 있다는 점을 지적하고 있다. 이에 대해서는 그가 쓴《스피노자를 찾아서Looking for Spinoza : Joy, Sorrow, and the Feeling Brain》(New York & San Diego :

Harvest Books, 2003)를 참조하라.

85 이하의 내용은 스피노자의 영향사를 다룬 모로의 논문 〈스피노자의 수용과 영향Spinoza's reception and influence〉을 정리, 보충한 것이다. 이 논문은 《캠브리지 스피노자 입문서Cambridge Companion to Spinoza》(Cambridge Univ. Press, 1995)에 수록되어 있다.

86 《신학-정치론》, 제15장.

87 《세 명의 사기꾼에 대한 논의Traité des trois imposteurs》가 1712년 프랑스에서 처음 나왔을 때 표지 제목이 "스피노자의 정신L'Esprit de M. Benoît de Spinoza"이었다고 한다.

88 헤겔G. W. F. Hegel의 이런 스피노자 해석에 대한 소개와 비판으로는 마슈레이Pierre Macherey의 《헤겔 또는 스피노자Hegel ou Spinoza》(François Maspero, 1979)를 참조하라. 이 책은 진태원 박사가 《헤겔 또는 스피노자》(이제이북스, 2004)라는 제목으로 번역했다.

89 이런 맥락에서 자렛Jarrett Charles과 델라 로카Michael Della Rocca는 데이비슨과 스피노자 간의 유사점과 차이점을 지적하고 있다. 이와 관련한 보다 자세한 논의를 알고 싶다면, 자렛의 "스피노자의 심신 상호 작용의 거부와 인간 행위에 대한 설명"(Spinoza's Denial of Mind-Body Interaction and the Explanation of Human Action, The Sourthern Journal of Philosophy 29(1991))이나 델라 로카의 "인과 관계와 스피노자의 동일성 주장"(Causation and Spinoza's Claim of Identity, History of Philosophy Quarterly 8 (1991))을 참조하라.

90 네스Arne Naess의 좀 더 자세한 주장을 알고 싶은 독자는 그의 〈스피노자와 생태학Spinoza and Ecology〉을 참조하기 바란다. 이 논문은 헤싱Siegfried Hessing이 편집한 《스피노자의 거울Speculum Spinozanum》(London : Routledge & Kegan Paul, 1977)에 수록되어 있다.

91 마트롱은 이런 맥락에서 스피노자의 윤리설을 '이기적-이타주의'

라는, 형용 모순처럼 보이는 개념을 통해 규정하고 있다. 이에 대해 서는 마트롱의 《스피노자에서의 개인과 공동체*Individu et communauté chez Spinoza*》(Paris : Éditions de Minuit, 1969/1988), 266쪽을 보라.

92 〈옐레스에게 보내는 서한 50Epistola L, Spinoza ad Jarig Jelles〉.

93 이는 발리바르Etienne Balibar의 주장을 따른 것이다. 《스피노자와 정치*Spinoza et la politique*》(Paris : PUF, 1985), 72쪽을 보라.

94 이외에도 대중에 대한 구체적인 접근을 시도한 최초의 정치철학자 라는 의의 역시 지적할 수 있다. 특히 발리바르가 적절히 지적하듯 대중이 더 큰 악에 대한 공포 때문에 자연권을 국가에 양도함으로써 소극적으로 국가의 일원이 되기도 하지만 선거나 시민의 항쟁, 혁 명 등에서 드러나듯 통치자에게 공포를 불러일으키는 정치적 주체 의 역할을 하기도 한다는 '대중의 양가성'에 대한 분석은 오늘날에 도 탁월한 정치적 통찰이라고 할 수 있다. 이에 대해서는 앞서 소개 한 발리바르의 책을 참조하라.

95 프랑스의 저명한 스피노자 연구자인 자크Sylvain Zac는 신의 본질 에 대한 일반 대중들의 편견을 다음처럼 요약하고 있다. ① 신의 절 대적 정신성, ② 신의 창조적 자유와 세계에 대해 행사하는 통치의 자유, ③ 무소불위의 권능을 지닌 신(제왕적 신), ④ 인간의 자유 의 지, ⑤ 초자연적 상벌의 관념(신의 명령에 대한 복종으로서의 덕과 불 복종으로서의 죄, 이에 대한 상과 벌, 사후 심판을 위한 영혼 불멸의 관 념). 이에 대해서는 자크의 《스피노자에 관한 시론들*Essais spinozistes*》(Paris : Vrin, 1985)에 나오는 〈스피노자에서의 종교의 관념L' idée de religion chez Spinoza〉을 보라. 특히 75~76쪽을 참조하라.

관념idea

스피노자는 관념을 "정신이 사유하는 것이기 때문에 형성하는 정신의 개념"으로 정의한다. 이런 정의를 통해 스피노자가 관념을 정신의 작용에 의한 개념 형성과 관련시켜 이해한다는 것을 알 수 있다. 스피노자의 이런 입장은 정신을 이루고 있는 관념의 기원과 본성에 대한 그의 독창적인 사고방식으로 이어진다. 특히 그는 경험론자처럼 관념이 외부 대상으로부터 우리의 정신에 수동적으로 각인된다는 입장을 거부하며, 그렇다고 데카르트처럼 정신을 물체와 전혀 별개의 실체로 특권화하지도 않는다. 오히려 그는 정신과 신체의 상관성을 강조함으로써 전인적인 인간관을 제시하고 있다.

근접 원인causa proxima

어떤 결과의 직접적 원인을 가리킨다. 이는 어떤 결과의 매개적인 원인인 원격 원인causa remota과 대비된다. 가령 건강을 야기하는 의술같이 해당 결과를 직접적으로 야기하는 것을 근접 원인이라고 할 수 있다.

변용affectio

양태와 마찬가지로 변용은 가장 넓게는 실체에 의존하는 존재를 가리키며, 특히 개별자와 빈번하게 동의어로 사용된다('양태' 정의 참조). 또한 '변용'이라는 용어는 개별자가 겪는 변화를 가리키기 위해 사용되기도 하는데 '영혼의 변용'(제3부 정리 52의 주석)이나 '인간 본질의 변용'(제3부 정서의 정의 1의 주석)과 같은 표현에서는 이런 의미로 쓰인 것이다. 마지막으로 스피노자는 '인간 신체의 변용'(제2부 정리 17의 주석, 제3부 정리 27의 증명, 제5부 정리 1)이라는 표현을 자주 쓰는데, 이때는 외물을 현존하는 것으로 떠올리는 상과 동일한 의미로 사용한 것이다(제2부 정리 17의 주석).

본질essentia 혹은 본성natura

스피노자는 어떤 존재에 없어서는 안 되는 핵심적인 요소로 자기보존의 힘을 개체의 본질로 규정한다. '본성 혹은 본질natura seu natura'이라는 표현에서 알 수 있듯 스피노자는 본질과 본성을 교환 가능한 말로 사용한다. 스피노자는《에티카》에서 본질을 다음처럼 정의한다. "어떤 사물의 본질에는, {그것이} 주어지면 사물이 반드시 정립되고 제거되면 사물이 반드시 파괴되는 것이 속한다. 다시 말해 {어떤 사물의 본질에는} 그것 없이 사물은 존재할 수도 없고 파악될 수도 없으며 그 역도 성립하는 것이 속한다고 나는 이해한다."(제2부 정의 2) 첫 번째 정의는 어떤 실재를 존재하게끔 하고 인식할 수 있게끔 해주는 것이 본질이라는 전통적인 본질관을 따른 것인 반면, 두 번째 정의에서는 스피노자의 독특한 본질관이 드러난다. 즉 사물은 본질 없이 존재할 수도 없고 파악될 수도 없을 뿐만 아니라 본질 역시도 사물 없이는 존재할 수 없고 파악될 수도 없는 것으로, 본질이 사물과의 상호관계를 통해 정의되고 있는 것이다. 스피노자 연구자 라몽Charles Ramond은 스피노자가 수학적인 존재(가령 삼각형과 같은 도형)의 본질(내각의 합이 이직각이다)을 본질의 모델로 삼고 있다는 점을 염두에 두고 이 정의를 이해해야 한다고 조언한다. 라몽의 이런 해석이 맞다면 본질에 대한 스피노자의 정의는 기하학에서 원의 정의(평면상에서 한 점으로부터 같은 거리에 있는 점의 자취)와 특정한 원을 분리할 수 없듯이 본질과 사물은 분리 불가능하며 상호적으로 정의될 수밖에 없다는 의미로 이해할 수 있을 것이다.

선과 악(좋음과 나쁨)bonum et malum

스피노자는 《에티카》에서 선(좋음)을 "우리에게 유용하다고 확실히 우리가 아는 것"으로 정의하고, 악(나쁨)을 "어떤 선을 우리가 소유하지 못하게 방해한다고 확실히 우리가 아는 것"으로 정의한다. 이처럼 선과 악은 사물 안에 내재하는 성질이 아니라 우리에게 유익한가 해로운가에 따라 상대적으로 측정된다.

속성attributum

실체를 실질적으로 이루고 있고 또한 실체가 무엇인지 알려주는 요소로 사유와 연장 등이 대표적인 실체의 속성이다. 스피노자는 속성을 "실체의 본질을 구성하는 것으로 지성이 지각하는 것"(제1부 정의 4)으로 정의한다. 사유와 연장의 속성 하에서 실체가 변화되어 나타난 여러 형태가 양태라는 점에서 속성은 양태와 실체를 연결시켜줄 뿐만 아니라 양태들의 생산을 해명해주는 역할을 하기도 한다.

스피노자가 존재하는 것은 실체와 양태밖에 없다고 주장하고 있기 때문에(제1부 공리 1), 그의 철학에서 속성이 어떤 존재론적 지위를 갖는가에 대해 많은 논란이 있어왔다. 특히, 속성이 우리의 마음으로부터 독립해서 그 자체로 존재하는 것이라는 객관적 해석과 속성은 인간이 실체를 어떤 측면에서 파악한 관점에 불과하다는 주관적 해석이 제시되었는데, 오늘날 객관적 해석이 스피노자의 문맥에 보다 부합하는 것으로 인정되고 있다.

실재성realitas 혹은 완전성perfectio

스피노자는 "나는 실재성과 완전성을 같은 것으로 이해한다"(제2부 정의 6)고 주장한다. 이는 어떤 것이 자기 보존의 힘을 갖고 존재하는 한 완전하다는 의미로 이해할 수 있다. 이처럼 실재성과 완전성의 동일성을 통해 스피노자는 일차적으로 어떤 것의 존재를 나타내려고 한다. 반면 스피노자는 어떤 것의 존재가 아니라 어떤 것이 가진 특징들을 가리키기 위해 '페르펙치오네스perfectiones'라는 복수 형태를 사용하기도 한다(제5부 정리 33 주석).

실재성과 완전성이 동일한 것이기 때문에 어떤 것이 없지 않고 있는 한 불완전할 수 없다는 결론이 따라나온다. 오히려 불완전성은 어떤 완전성의 기준을 정해놓고 그것에 따라 다른 어떤 것을 평가할 때 얻게 되는 비교 개념이라는 것이 스피노자의 분석이다. 하지만 그렇다고 스피노자가 평가어로서의 불완전성 개념을 완전히 추방한 것은 아니다. 제4부 서문에 나오는 '인간 본성의 전형'이라는 개념은 그가 실천적 유용성을 위해 완전성과 불완전성 개념을 또 다른 의미에서 복권시키고 있음을 보여준다.

실체substantia

다른 어떤 것에 의존하지 않는 자립적 존재를 가리키는 말. 스피노자는 실체를 "그 자체로 존재하고 또한 자기 자신에 의해 파악되는 것, 다시 말해 그 개념을 형성하기 위해 또 다른 사물의 개념을 필요로 하지 않는 것"(제1부 정의 3)으로 정의한다. 이는 실체가 존재론적 자립성과 인과적 자족성이라는 두 가지 특징을 지니고 있음을 말해준다. 존재론적 자립성이란 그것이 다른 것 안에 있지 않고 그 자체로 존재함을 의미하고 인과적 자족성이란 그 개념을 형성하기 위해 또 다른 것의 개념을 필요로 하지 않음을 의미한다. 스피노자는 이런 두 특징을 가진 실체가 신밖에 없으며 이를 다시 생산하는 자연과 동일한 것이라고 보았다.

스피노자의 이런 실체관은 한편 실체를 자립적인 존재로 정의하면서도(《철학의 원리》, 제1부 51절) 다른 한편으로 속성(가령 연장이나 사유)이나 성질(가령 크기, 형태, 의지, 욕구)의 담지자로 이중적으로 정의하는(《《성찰》의 두 번째 반론 모음에 대한 답변)) 데카르트의 실체관을 비판하고 첫 번째 정의를 일관되게 밀어붙인 것이라고 할 수 있다.

양태modus

실체에 의존하는 모든 존재를 통칭하는 말. 스피노자는 《에티카》에서 "양태를……실체의 변용들, 다시 말해 또 다른 것 안에 있고, 또 다른 것을 통해 또한 파악되는 것"(제1부 정의 5)으로 정의한다. 여기서 '또 다른 것'이란 '실체'를 가리키기 때문에 "또 다른 것 안에 있고 또 다른 것을 통해 파악된다는" 말은 "실체 안에 있고 실체를 통해 파악된다"는 뜻으로 새길 수 있다. 이는 실체의 두 특징인 존재론적 자립성과 인과적 자족성에 대비되는 존재론적 의존성과 인과적 비자족성이라고 할 수 있다. 따라서 양태란 존재하기 위해 실체에 의존할 뿐만 아니라 인식되기 위해서도 실체의 개념을 필요로 하는 존재라고 할 수 있다.

한편 스피노자는 일상적인 의미, 즉 '존재 방식'이라는 의미로도 '모두스modus'라는 용어를 사용한다. 예를 들어 '논증의 방식modum argumentan'(제1부 부록)이나 '상상의 방식'(제1부 부록)과 같은 말들은 이런 일상적인 용법을 보여주고 있다.

그렇지만 스피노자는 많은 경우 위의 두 용법을 섞어서 사용한다. "개별적으로 존재하는 것들은 신의 속성들이 어떤 규정된 방식으로 표현된 양태들이다"(제1부 정리 25의 따름정리)라는 구절은 이와 같은 용례를 나타내고 있다고 할 수 있다.

역량potentia과 권력(권한)potestas

스피노자는 '포텐치아potentia'와 '포테스타스potestas'라는 용어를 맥락을 구별해서 사용한다. 스피노자는 거의 항상 어떤 것이 다른 어떤 것을 통제하는 경우나 누군가가 다른 것에 대해 권한을 가질 때 'potestas'라는 용어를 사용한다. 가령

"신의 힘 안에 있는in Dei potestate 것으로 우리가 파악하는 것은 무엇이나 필연적으로 존재한다"(제1부 정리 35)나 "우리의 본성에 반하는 정서들에 의해 우리가 공략 당하지 않는 한 우리는 지성의 질서에 따라 신체의 변용들을 배치하고 연결할 권한을 갖는다"(제5부 정리 9)에서 각각의 의미로 사용되고 있다.

반면 역량은 개체와 외부 사물 간의 관계보다는 그것을 소유한 사물과 직접 관련되어 있으며, 'potentia'라는 용어 역시 이런 역량을 가리키기 위해 사용된다. 그것은 개체의 본질이자(제5부 정리 9의 증명) 본성이고(제5부 정리 25의 증명), 개체가 소유한 힘이며(제4부 정리 60의 증명), 덕과 동일시된다(제4부 정의 8). 이는 심리학적 맥락에서는 욕망으로 표현되고 정치적 맥락에서는 자연권으로 표현된다.

욕망cupiditas, 욕구appetitus

각각의 사물이 갖고 있는 자기 보존의 힘을 심리학적으로 달리 표현한 것이 바로 욕망이다. 좀 더 정확히 말해 자기 보존의 힘이 인간의 신체와 정신 모두에 관계될 때 '욕구appetitus'라고 부르고, 이런 욕구에 대한 의식을 '욕망'이라고 부른다(제3부 정리 9의 주석). 스피노자는 의식을 동반한다는 점을 제외하면 욕구와 욕망은 차이가 없다고 말한다(제3부 정리 9의 주석). 스피노자는 욕망이 인간의 본질이라고 주장함으로써(제3부 '정서'의 정의 1) 인간에 대한 새로운 관점을 도입하고 있지만 이는 인간의 비합리성을 옹호하는 것이 아니라는 데 주의해야 한다. 욕망의 작동 방식은 합리적으로 이해될 수 있을 뿐만 아니라 이성에서 발원하는 욕망이 인간을 바람직한 삶의 방식으로 이끌 수 있다고 스피노자는 주장하기 때문이다.

의지voluntas, 의지작용volitio

지성을 통해 파악된 내용을 긍정하거나 부정하는 정신의 능력. 자유 의지를 허구적인 것으로 비판하는 스피노자에게 자연 법칙에서 벗어나 어떤 것을 자유롭게 긍정하거나 부정할 수 있는 선택 능력이라는 의미로 이해되는 의지는 거부된다. 그 결과 스피노자는 의지를 "정신이 참인 것과 거짓인 것을 긍정하게 하거나 부정하게 하는 기능facultatem"(제2부 정리 48 주석)으로 좁게 정의한다. 이는 긍정하거나 부정하는 정신의 행위뿐만 아니라 육체를 움직일 수 있는 능력으로 의지를 넓게 정의하는(《정념론》, 18절) 데카르트의 의지 개념과의 차이를 보여준다.

자기 보존의 힘conatus

스피노자는 "각 사물이 자신의 존재를 유지하게 하는 힘이 그 사물의 현실적인 본질과 다른 것이 아니"(제3부 정리 7)라고 주장한다. 이런 스피노자의 주장은 "그것의 본성으로부터 어떤 결과가 따라나오지 않는 것은 존재하지 않는다"(제1부 정리 36)는 그의 존재관의 반영이기도 하다. 즉 존재하는 모든 것은 결과를 낳을 수 있는 인과력을 갖고 있어야 한다고 보기 때문에 자연스럽게 스피노자는 자기 보존의 힘을 각 사물의 본질로 설정하고 있다고 할 수 있다.

스피노자의 이런 주장은 개체에 주어진 자기 보존력의 극대화를 목표로 삼는 그의 윤리학의 존재론적 기반이 될 뿐만 아니라 정념으로부터의 자유의 가능성을 논하는 제4부와 제5부의 정서의 윤리학에서도 핵심적인 역할을 한다(이에 대해서는 '정서' 항목을 참조하라).

적합 관념idea adaequata/부적합 관념idea inadaequata

틀릴 수 없는 확실한 관념을 통칭하는 말. 스피노자는《에티카》에서 적합 관념을 "나는 대상과의 관련 없이 그 자체로 그 관념을 고찰하는 한에서 참된 관념의 모든 특성들 혹은 내적인 명명을 갖고 있는 관념을 적합한 것으로 이해한다" (제2부 정의 4)고 정의한다. 이 정의 바로 다음에 스피노자는 "나는 외적인 것, 즉 관념과 그 대상과의 일치를 배제하기 위해 '내적인' 〔명명〕이라고 부른다"는 설명을 덧붙인다. 이를 통해 적합 관념이란 ① 참된 관념의 특성을 모두 갖고 있긴 하지만, ② 대상과의 관계를 통해서가 아니라 그 자체로 참된 것으로 간주되는 관념이라는 것을 알 수 있다. 여기서 외부 대상과의 관계와 무관하게 어떤 관념을 참된 것이라고 할 수 있는 기준이나 조건이 무엇인지의 문제가 제기될 수 있다.

스피노자는 적합 관념을 명석판명한 관념과 동일시한다(제2부 정리 36과 정리 38의 주석). 스피노자에게 명석판명함이란 오류 불가능하게 참이라는 것이 확실하다는 의미이므로 적합 관념이란 반드시 참인 관념(가령 스피노자가 자주 예를 들고 있듯이 '삼각형의 내각의 합은 이직각과 같다'는 판단의 내용)이라고 할 수 있다. 또한 스피노자는 적합 관념을 완전한 관념 idea perfecta과 같은 의미로 사용하기도 한다. 완전한 관념이란 특정한 대상에 대한 전체적인 인식이기에 적합 관념은 어떤 대상에 대한 전체적인 인식이라는 의미를 갖는다. 따라서 부적합 관념이란 오류 불가능할 뿐만 아니라 대상에 대한 단편적이고 부분적인 관념이라는 것을 알 수 있다. 이상의 논의를 통해 볼 때 'adaequata'를 '타당한'이라고 번역하는 것이 적절하지 않음을 알 수 있다. 왜냐하면 adaequata라는 말은 어떤 관념의 내용이 그 자체로 오류 불가능하게 참일 뿐만 아니라 대상에 대한 완전한 정보를 담고 있다는 의미를 지니는데, '타당한'이란 말은 그런 의미를 담지 못하기 때문이다.

적합 원인causa adaequata/부적합 원인causa adaequata

외부 원인에 의존하지 않는 자발적인 욕구를 통해 어떤 존재가 자신의 안이나 밖에서 어떤 결과를 낳는 경우 그 결과의 원인을 적합 원인이라고 부르고, 외부 원인의 영향이 함께 뒤섞여서 어떤 결과를 낳는 경우 그 결과의 원인을 부적합 원인이라고 부른다.

좀 더 정확히 말해 스피노자는 "그 결과가 그것을 통해 명석판명하게 이해될 수 있는 원인을 적합하다"(제3부 정의 1)고 부르고, "그 결과가 그것을 통해서만은 이해될 수 없다면……부분적 혹은 부적합한 원인"(제3부 정의 1)이라고 부른다. 다시 말해 어떤 원인이 그것에 의해 일어난 결과를 완전하게 설명해줄 때 그것을 적합 원인이라고 부르고 그렇지 못할 때 부적합 원인이라고 부른다.

정서affectus

스피노자는 정서를 "그것을 통해 신체의 활동 역량이 증가되거나 감소되고 도움을 받거나 방해받는 신체의 변용들인 동시에 그 변용들의 관념들"(제3부 정의 3)로 정의한다. 이 정의를 통해 정서가 ① 신체의 활동 역량의 증감의 상태와 관련되며, ② 신체와 정신 모두와 관련하여 이중적으로 정의되고 있음을 알 수 있다. 이런 정서는 대부분 외부 원인의 관념을 동반한 채로 일어난다는 점에서(가령 무언가를 보고 느끼는 공포, 누군가에 대한 시기심이나 경쟁심처럼) 수동적이라고 할 수 있으며, 이때 그런 정서를 정념passio이라고 부른다. 반면 정념처럼 외부 원인이 아니라 내부 원인에서 유래하는 정서를 능동 정서actio라고 부르는데, 도의심pietas이나 쾌활함 hilaritas 등이 이에 해당한다.

특성proprietas

어떤 존재의 핵심적 요소인 본질에서 파생된 특징을 일컫는 말. 좀 더 정확히 말해 특성이란 본질에서 논리적으로 따라나오는 것이거나 인과적으로 생겨나는 것을 말한다. 가령 스피노자는 제1부 부록에서 신의 본질과 그것에서 유래하는 특성들을 구별하고 있고(정확히 무엇이 본질이고 무엇이 특성인지에 대해서는 논란이 있다), 제5부에서는 사랑의 본질을 표현한 정의('외적 원인의 관념을 동반하는 기쁨')와 사랑의 특성을 표현한 정의('사랑이란 사랑하는 것과 결합하려는 자의 의지')를 구별하고 있다.

강영안, 《자연과 자유 사이》(문예출판사, 2001)

스피노자, 칸트, 셸링의 철학을 자연과 자유의 조화 가능성 모색이라는 문제의식 속에서 소개, 평가하고 있다. 특히 저자의 명쾌한 서술을 통해 스피노자 철학의 기본적인 아이디어와 기획에 대해 전반적으로 이해할 수 있을 것이다. 또한 셸링에 대한 논문을 통해 스피노자와 독일 관념론 간의 관계에 대한 간접적인 정보 역시 얻을 수 있을 것이다.

네그리, 안토니오, 《야만적 별종》, 윤수종 옮김(푸른숲, 1997)

스피노자의 철학에 대한 새로운 해석(유토피아적 관념론에서 구체적인 실재 안에 역량이 표현된다는 구성적 유물론으로의 변화)을 통해 스피노자 철학을 정치적으로 현재화하려는 네그리의 저작으로, 발간 당시 많은 스피노자 연구자들의 반향을 일으켰다. 그러나 한글 번역판의 경우 개념에 대한 부정확한 번역이 너무 많아 추천하고 싶지 않다. 오히려 하트Michael

Hardt의 영역본인《야생적 예외성 : 스피노자의 형이상학과 정치학의 역량The savage anomaly : the power of Spinoza's metaphysics and politics》(Minneapolis : Univ. of Minnesota Press, 1991)을 보라.

데카르트, 르네,《성찰》, 이현복 옮김(문예출판사, 1997)

스피노자의 철학과 데카르트 철학의 관계에 대해 여러 가지 해석이 분분하지만 분명한 사실은 스피노자가 데카르트 철학의 개념과 문제를 나름의 방식으로 분석하고 해결하는 과정에서 자신의 체계를 구축해나갔다는 점이다. 따라서 스피노자의 철학을 올바르게 이해하기 위해서는 반드시 데카르트 철학의 기본적인 내용에 대한 이해가 선행되어야 한다.《제1철학에 대한 성찰》은 데카르트 형이상학의 기본적 프로그램과 방법이 잘 드러나 있고, 회의의 방법을 통해 어떻게 명백한 진리에 도달할 수 있는지를 차근차근 보여준다는 점에서 데카르트 철학의 이해를 위해 적절한 문헌이라고 할 수 있다.

데카르트, 르네,《정념론 외》, 김형효 옮김(삼성출판사, 1998)

《에티카》제3부와 제4부, 제5부는 데카르트의《정념론》에 대한 문제의식을 깔고 논의를 전개하고 있다. 따라서《에티카》후반부의 정념 이론과 능동적 정서 이론이 무엇인가에

대한 정확한 이해를 위해서는 데카르트의 《정념론》에 대한
이해가 필수적이다. 이 책에는 이외에도 《방법서설》, 《제1 철
학에 관한 성찰》, 《철학의 원리》(제1부와 제2부의 일부)가 포
함되어 있다.

델보스, 빅토르, 《스피노자와 도덕의 문제》, 이근세 옮김(선학사,
2003)

프랑스의 철학사가인 델보스Victor Delbos의 글들을 모아
편역한 책으로 독일 관념론 전통에 입각해 스피노자의 철학
을 비판적으로 검토하고 있다. 특히 도덕의 문제를 논하는
제2부와 그 문제에 대한 해결과 비판적 평가를 담은 제3부가
주목할 만하다. 들뢰즈의 영향으로 당위를 강조하는 도덕과
존재의 적극적 표현을 강조하는 윤리학을 대립시키는 식으
로 스피노자의 철학을 이해하는 경향이 퍼져 있는 한국에서
스피노자 윤리학에 대한 균형 잡힌 시각을 제공해줄 수 있는
저작이다.

들뢰즈, 질, 《스피노자와 표현의 문제》, 이진경 외 옮김(인간사랑,
2003)

이 책은 프랑스를 대표하는 현대 철학자 중 한 사람인 들
뢰즈가 1968년에 낸 스피노자 연구서다. 여기서 들뢰즈는
스피노자의 철학을 '일의성univocité의 철학'으로 재구성하고

있다(이 책의 내용에 대한 개괄적인 소개와 비판적 평가를 원하는 독자는 다음 글을 참조하라. 졸저, 《스피노자와 표현의 문제》: 들뢰즈의 눈을 통해 본 스피노자〉, 서강대학교 대학원 신문, 2003년 80호). 몇몇 어색한 번역이 눈에 띄긴 하지만 가독성에는 무리가 없다. 스피노자의 《에티카》를 통독한 사람은 스피노자 철학의 구조를 파악하기 위해 읽어보면 좋을 것이다. 물론 이 책은 입문서나 개론서가 아니라 연구서이기 때문에 저자 나름의 해석이 들어 있음을 유념하자.

들뢰즈, 질, 《스피노자의 철학》, 박기순 옮김(민음사, 1999)

앞에서 언급한 《스피노자와 표현의 문제》의 핵심을 개괄하고 있을 뿐만 아니라 스피노자의 생애를 그의 저작과 함께 소개하고 있어 스피노자 철학에 대한 입문서이자 연구서라는 이중의 역할을 해내고 있다. 더욱이 이 책에는 스피노자의 저작에 나오는 주요 개념에 대한 해설이 따로 실려 있어 생소한 스피노자의 개념을 이해하는 데 도움을 준다.

마슈레, 피에르, 《헤겔 또는 스피노자》, 진태원 옮김(이제이북스, 2004)

알튀세의 제자이기도 한 프랑스의 스피노자 연구자 마슈레Pierre Macherey의 스피노자 연구서. 헤겔의 눈으로 스피노자를 보고 또 스피노자의 눈으로 헤겔을 봄으로써 양자의 절충이 아니라 공존 가능성을 모색하는 시도가 돋보이는 저작이다. 물론 연구서라 저자의 관점이 들어가 있긴 하지만 들뢰즈나 네그리와 달리 상당히 균형 잡힌 시각에서 스피노자 철학에 접근하고 있다는 점에서, 스피노자 철학에 대한 좀 더 심화된 이해를 원하는 독자들에게 많은 도움을 줄 수 있을 것이다.

박삼열, 《스피노자의 윤리학 연구》(선학사, 2002)

스피노자 연구자 중 한 사람인 박삼열 박사가 쓴 스피노자 연구서다. 난해한 스피노자의 철학을 명쾌하게 소개하고 있기 때문에 스피노자 철학에 대한 전반적인 이해를 원하는 독자에게 입문서 역할을 할 수 있다. 또 스피노자의 심신론이 현대적인 논의와 어떻게 연결되는지에 대한 정보도 얻을 수 있다는 점에서 스피노자 철학의 현재성에 대해 사고할 수 있는 기회를 마련해준다.

서양근대철학회, 《서양 근대철학의 열 가지 쟁점》(창작과비평사, 2004)

물질과 운동, 방법, 지식, 지각, 실체, 자아, 정념, 도덕과 자유 의지, 개인과 사회, 신과 종교 등 근대 철학의 쟁점들을 선정하여 이에 대한 각 철학자들의 견해를 정리, 평가한 책이다. 경험론, 합리론, 칸트 등의 근대 철학자들이 이런 쟁점들에 대해 어떤 입장 차이를 갖는지를 알 수 있게 해주는 문제 중심의 철학사라고 할 수 있다. 스피노자가 이런 쟁점들에 대해 어떤 생각을 가졌는지 알고 싶은 독자는 이 책을 참조하기 바란다.

스크러튼, 로저, 《스피노자》, 조현진 옮김(궁리, 2002)
《에티카》에 대한 입문을 돕기 위해 씌어진 책이다. 비록 분량은 얼마 되지 않지만 《에티카》에서 해결하려는 각 문제들에 대해 스피노자가 어떻게 답하려고 하는지를 보여줌으로써 스피노자 철학에 대한 체계적 이해를 돕는다. 그러나 짧은 지면에 많은 내용을 담아서 그런지 논의가 너무 압축적이라는 흠이 있다.

스피노자, 베네딕투스 데, 《국가론》, 김성근 옮김(서문당, 2001)
스피노자의 죽음으로 미완성 상태에 있다가 이후 유작에 포함된 저작이다. 《에티카》에서 개략적으로 윤곽만 제시되고 있는 정치철학의 보다 구체적인 면모를 볼 수 있다. 한국어 번역본은 가독성은 무리가 없으나 몇몇 개념들(가령 제목은 '국가론'이 아니라 '정치론'이다)과 문장의 오역이 눈에 띄기 때문에 영어본과 대조해서 보기 바란다. 영어본으로는 셸리Samuel Sherly의 《정치론Political Treatise》(Indianapolis : Hackett Publishing Company, 2002)을 참조할 수 있다. 이 책을 통해 특히 스피노자의 윤리학과 정치학 간의 연관성을 파악할 수 있을 것이며, 또한 '은둔자'나 '고행자'로서의 스피노자의 이미지가 얼마나 허구적인 것인가를 확인할 수 있을 것이다.

스피노자, 베네딕투스 데, 《신학-정치론》, 김호경 옮김(책세상, 2002)

〈올덴부르흐에게 보내는 서한 30〉에서 스피노자는 이 책의 목적이 ① 철학에 방해가 되는 신학자들의 편견을 깨고, ② 자신에 대한 무신론자라는 비난을 잠재우며, ③ 철학하는 자유를 옹호하는 것이라고 적고 있다. 그만큼 이 책은 비판적이고 전투적인 의도로 씌어졌지만 엄밀한 분석을 토대로 철학과 신학, 종교와 정치, 성서 해석학의 문제 등에 대해 치밀한 논의를 전개하고 있다. 국역본은 발췌 번역이라서 아쉬운 감이 없지 않지만《신학-정치론》의 핵심 내용들을 접할 수 있다. 영역본을 보려면 셸리가 번역한《신학-정치론 *Theological-Political Treatise*》(Indianapolis : Hackett Publishing Company, 2001)을 참조하라.

스피노자, 베네딕투스 데, 《에티카》, 강영계 옮김(서광사, 1990)

스피노자의 철학을 집대성한 가장 완성도 높은 스피노자의 주저다. 이 책은 '기하학적 방식'으로 서술되어 있기 때문에 철학적 사유에 익숙하지 않은 독자들은 접근하기가 쉽지 않을 것이다. 따라서 저자의 의도와 논지가 명확하게 드러나 있는 각 부의 서문과 부록을 먼저 읽고 난 다음 본문으로 넘어가는 것이 좀 더 적절한 독법이라고 할 수 있다. 본문에 대한 상세한 이해를 원한다면 마슈레가 이 책의 각 부에 대해 해설한 《에티카 입문*Introduction à l'Ethique de Spinoza*》(Paris : PUF) 제1권~5권을 참조하기 바란다. 또 영어본을 참조하고 싶다면 《에티카》와 함께 여러 다른 저작이나 서간들의 발췌본이 수록된 컬리의 《스피노자 독본*A Spinoza Reader*》을 보라.

옮긴이에 대하여

조현진 duratio@naver.com

종교와 철학에 관심이 많았던 탓에 숭실대 철학과에 입학했지만, 철학보다는 종교적 실천에 비중을 둔 대학생활을 보냈다. 그러나 신과 인간, 인간과 세계, 인간 상호 간의 관계를 좀 더 심층적으로 이해하기 위해서는 본격적인 철학 공부가 필요하다는 생각에 서강대 대학원에 진학했다.

대학원에서 해석학적 주체 개념을 다룬 〈서사적 정체성과 인간의 자기이해〉라는 논문으로 석사 학위를 받았다. 그러나 주체에 영향을 끼치는 구조 및 여러 조건과의 관련 속에서 주체의 문제가 사고되어야 한다는 문제의식 하에, 근대 철학자 스피노자에 관심을 갖게 되었고, 현재 스피노자와 관련한 박사 학위논문을 준비하고 있다. 스피노자의 철학이 현실의 윤리적, 사회적, 정치적 문제에 대해 어떤 통찰과 시사점을 줄 수 있는가에 무엇보다도 관심을 갖고 있다. 옮긴 책으로는《스피노자》,《20세기 서양철학의 흐름》(공역)이 있고 국민대, 동덕여대, 서강대 등에서 강의하고 있다.

에티카

초판 1쇄 펴낸날 | 2006년 10월 25일
개정 1판 1쇄 펴낸날 | 2019년 1월 18일
개정 1판 3쇄 펴낸날 | 2023년 12월 15일

지은이   베네딕투스 데 스피노자
옮긴이   조현진
펴낸이   김준성
펴낸곳   책세상
등록   1975년 5월 21일 제2017-000226호
주소   서울시 마포구 동교로 23길 27, 3층(03992)
전화   02-704-1251   팩스   02-719-1258
이메일   editor@chaeksesang.com
광고·제휴 문의   creator@chaeksesang.com
홈페이지   chaeksesang.com
페이스북   /chaeksesang   트위터   @chaeksesang
인스타그램   @chaeksesang   네이버포스트   bkworldpub

ISBN 979-11-5931-325-7 04100
        979-11-5931-221-2 (세트)